D1618203

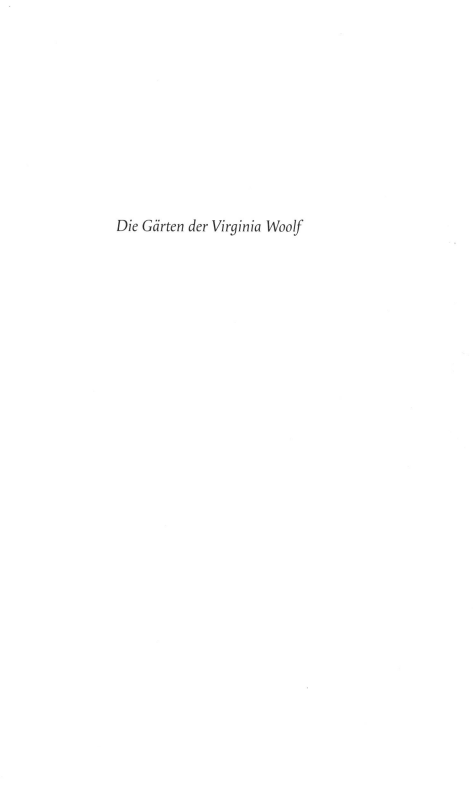

Die Gärten der Virginia Woolf

Luise Berg-Ehlers

Die Gärten der Virginia Woolf

unter Mitarbeit von Jutta Schreiber

nicolai

© 2004 Nicolaische Verlagsbuchhandlung GmbH, Berlin

Lektorat: Diethelm Kaiser, Berlin
Gestaltung: sans serif, Berlin
Satz und Repro: Mega-Satz-Service, Berlin
Druck (Bildteil und Bezug): Medialis, Berlin
Druck (Textteil) und Bindung: Clausen & Bosse, Leck

ISBN 3-87584-378-9

Inhalt

Vorwort

Die britische Insel gilt üblicherweise nicht als ein Hort der Leidenschaften; dennoch gibt es Bereiche, in denen Neigungen und Liebhabereien den Charakter einer fast exzessiven Passion gewinnen können, und einer dieser Bereiche ist der Garten. Hier kann man – wie vor kurzem der »Guardian« schrieb – eine »British obsession with gardens and gardening« konstatieren. Der Engländer und sein Garten – eine unendliche Geschichte mit langer Tradition; es gibt nur wenige Inselbewohner, die nicht eine enge Beziehung zur Natur und vor allem zu der von Menschenhand gestalteten Natur haben.

Es ist völlig unerheblich, welcher Profession der Gartenliebhaber im Alltagsleben nachgeht, welchen sozialen Hintergrund er hat, über welche Mittel er verfügt! Der Adelige pflegt den von seinen Vorfahren ererbten Landschaftsgarten, der Londoner East Ender bemüht sich, den wenigen Quadratmetern im Hinterhof seines kleinen Reihenhauses einige Blüten abzuringen, der Banker zieht sich am Wochenende in seinen Cottage-Garten auf dem Lande zurück, der Maler sucht seine Motive im Grünen, und der Schriftsteller entspannt sich unter den Bäumen seines Obstgartens.

Anfang des letzten Jahrhunderts war es die Bloomsbury Group, jene anfangs eher berüchtigte, später berühmte Gruppe Londoner Künstler und Intellektueller – von der Hilde Spiel sagt, sie begann als Koterie und endete als Geistesrichtung –, die sich zur Erholung wie zum Arbeiten gleichermaßen in Gärten zurückzog. Blättert man in Biographien, Briefsammlungen oder in den privaten Fotoalben von Virginia Woolf, Vanessa Bell und anderen Mitgliedern des Freundeskreises, entdeckt man zahlreiche Bilder, auf denen mehrere Personen plaudernd in einem Garten sitzen, sich mit Rasenspielen wie Kricket oder Bowling vergnügen, Tee trinken oder einfach nur die Sonne genießen. Und Virginia Stephen, nach ihrer Heirat Virginia Woolf, ist fast immer dabei, bildet fast immer den Mittelpunkt der kleineren oder größeren Gruppe. Während es aber von ihrem Ehemann Leonard Fotos gibt, auf denen er als Gärtner agiert, ist keines bekannt, das Virginia mit Gärtnerschürze, Handschuhen und Rosenschere zeigt. Virginia Woolf liebte Gärten und Blumen, aber sie war keine Gärtnerin. Diejenigen, die ihr am nächsten standen, schufen wunderbare Gärten, ihre engste Freundin Vita Sackville-West sogar den vielleicht schönsten Garten Englands, und Virginia liebte es, in solchen Nachschöpfungen Edens zu Gast zu sein, doch sie selbst schätzte die Freude des Schauens, nicht die des Gärtnerns. Und dennoch – oder möglicherweise gerade deshalb: In ihrem Leben wie in ihrem Werk sind Blumen und Pflanzen, Gärten und Parks von besonderer Bedeutung. Die Londonerin Virginia Woolf, deren großes Vergnügen darin bestand, durch die Straßen der Metropole zu streifen und dabei die Weltstadt intensiv zu erleben, sah das Grün stärker als das Grau, bemerkte die Pflanzen genauer als die Steine, erfasste die Bäume eher als die Häuser.

Virginia Woolfs Erinnerungen an die Kindheit sind Erinnerungen an Spiele und Erlebnisse in Kensington Gardens und im Garten von Talland House in St. Ives; ihre Erinnerungen an besonders schöne oder besonders schmerzhafte Begebenheiten sind oft begleitet von Assoziationen an Blumen, Pflanzen oder Bäume. Die Erinnerungen wichtiger Personen ihrer Romane verbinden sich mit Erfahrungen, die diese im Park von Hampton Court oder zwischen den Blumenrabatten von Kew Gardens machten. Selbst Emanationen des Wahnsinns verbergen sich in den Bäumen des Regent's Park, wie bei Septimus Warren Smith in Mrs Dalloway.

Die Natur – in welcher Gestalt auch immer – ist für Virginia Woolf eine Quelle der Inspiration, ein Anlass zum Schreiben, eine Aufforderung zum Zurückblicken, eine stete Unterströmung ihrer Kreativität. Wenn wir uns auf den Weg machen, in London, Surrey und Sussex, in Cornwall und anderen Gegenden den Spuren der Autorin zu folgen, dann werden wir vorzugsweise die landschaftlichen Eigenheiten der Insel, ihre Parks und Gärten, Blumen und Pflanzen kennen lernen – und ganz besonders eine bisher wenig beachtete Seite von Virginia Woolf, die gleichwohl für ihr Werk von großer Bedeutung ist.

Gärten der Kindheit
und der Jugend
oder
Virginia Stephen entflieht der Düsternis

Mancher London-Besucher erwartet, in eine graue, steinerne, von Architektur geprägte Metropole zu kommen. Doch wenn er das Flugzeug genommen hat, kann er bereits beim Anflug erkennen, dass er seine Meinung ändern muss. Der glitzernde, auffallend gewundene Lauf der Themse schlängelt sich durch eine Stadtlandschaft, die bestimmt ist von zahlreichen Grünflächen. Weite Parkareale wechseln sich ab mit eingegrenzten Squares; die Vororte weisen häufig – dabei an die dörfliche Vergangenheit erinnernd – in ihrem Zentrum ein Green auf, das von spielenden Kindern, Angestellten in der Mittagspause, Familien beim Picknickvergnügen und Kricketmannschaften gleichermaßen genutzt wird. Noch deutlicher, wenn auch zugleich rätselhafter, wird der Kontrast zwischen grauem und grünem London bei einem nächtlichen Flug über die Stadt; dann nämlich sieht man inmitten der vielen Lichter große lichtlose Flächen, die nur dem kundigen Betrachter nicht unheimlich erscheinen. Dieser weiß, dass etwa die dunkle Ausdehnung im Westen der Stadt nicht Stromausfall, sondern Parkgelände bedeutet, denn vom St. James's Park in Whitehall bis Kensington Gardens, zwischen Bayswater und Kensington gelegen, kann ein Spaziergänger fast ununterbrochen durch Grünanlagen wandern, und als Leser der Romane und Tagebücher von Virginia Woolf weiß er, dass sein Weg ihn auf den Spuren der Autorin fast schon zu ihrem Geburtshaus geführt hat.

Dann steht er an einem der südlichen Ausgänge von Kensington Gardens, vielleicht Queen's Gate, wendet sich nach rechts, die Kensington Road vorsichtig überquerend, und findet zwischen hohen Wohnblocks und Botschaftsgebäuden den Zugang zu der Sackgasse Hyde Park Gate. Diese geht er fast bis zu ihrem Ende und wird dabei eine gewisse Irritation empfinden. Er erinnert sich daran, was Virginia Woolf über die Wohngegend ihrer Kindheit und Jugend schreibt, über die Düsternis der Häuser, über die Beklemmung auslösende Enge der Gasse, und er ist erstaunt, sich in einer recht hellen, fast geräumigen Straße wieder zu finden, deren Passierbarkeit nur durch die vielen geparkten Autos eingeschränkt wird. Weiß verputzte Häuser, Sonneneinfall bis zum späten Nachmittag, Blumen in kleinen Vorgärten lassen das Quartier freundlicher erscheinen, als es der literarische Wanderer erwartet hat. Die blauen Plaketten an vielen Häusern als Reminiszenzen an prominente Anwohner von Hyde Park Gate zeigen, dass sich hier unter anderem Winston Churchill und Baden-Powell, der Pfadfinderführer, heimisch fühlten und die ruhige und dennoch verkehrsgünstige Lage zu schätzen wussten. Auf der linken Seite bleibt der interessierte Spaziergänger vor der Nummer 22 stehen und liest die Inschrift der Plakette, die auf Sir Leslie Stephen – »Scholar and Writer« – verweist, ohne seine inzwischen sehr viel berühmtere Tochter zu nennen.

Das Haus ist sehr hoch, und der Betrachter muss den Kopf weit zurücklegen, wenn er bis zur Spitze des Giebels sehen will.

Die gesamte Vorderfront ist heute in einem glänzenden Elfenbeinton gestrichen; zur Zeit der Stephens war sie nur unten verputzt, am Giebel, der an holländische Vorbilder erinnert, sah man rote Ziegel, denn wegen des erheblichen Raumbedarfs für die große Familie war das Haus aufgestockt worden. In ihren Erinnerungen an Old Bloomsbury schreibt Virginia Woolf, 22 Hyde Park Gate sei so hoch und baufällig gewesen, dass es ausgesehen habe, als könne es ein sehr starker Windstoß umblasen. Diese Feststellung – der Text ist etwa 1922 verfasst – fiel ihr damals leicht, denn »jetzt, nachdem wir es verkauft haben, kann ich das ja sagen«.

Die heutigen Bewohner wird das wohl nicht beunruhigen, da das Gebäude schließlich die letzten hundert Jahre unbeschadet überstanden hat; nur denjenigen, die in der obersten Etage leben, könnte vielleicht der Umstand Sorge bereiten, dass ihr Stockwerk nach einem recht flüchtig skizzierten Entwurf von Virginias Mutter gebaut wurde und man aus Kostengründen – so schreibt Virginia Woolf jedenfalls – keinen Architekten hinzugezogen hatte.

Auch wenn das ehemalige Domizil der Stephen-Familie dem – im wahrsten Sinne des Wortes – Außenstehenden groß vorkommen mag, war es doch eine beengte und zuweilen beengende Unterkunft, in der immerhin bis zu achtzehn Person leben mussten. Ganz oben residierte der *pater familias* Leslie Stephen, der ehemalige Cambridge-Fellow und Herausgeber des DICTIONARY OF NATIONAL BIOGRAPHY. Über beziehungsweise neben sich hatte er nur noch den Himmel und die Kammern der Dienstboten – sieben bis acht arbeiteten nach Angaben von Virginia Woolf im Haushalt, nicht gerechnet die täglichen Aushilfskräfte. Doch da Sir Leslie als Agnostiker nichts vom Himmel und als viktorianischer Patriarch wenig vom Personal hielt, befand er sich in seinem Arbeitszimmer durchaus auf dem »Gipfel«, dem angemessenen Platz für einen leidenschaftlichen Bergwanderer. Eine Etage tiefer waren die Spiel- und Schlafzimmer der kleineren Stephen-Kinder – Sir Leslie war bereits zum zweiten Male verheiratet. Als einsamer Witwer, der dringend weiblicher Betreuung bedurfte, hatte er vielleicht nicht die Liebe, wohl aber die fürsorgliche Zuneigung der ebenfalls verwitweten Julia Duckworth gewonnen, denn – so seine jüngste Tochter später – er brauchte immer eine Frau, die ihn bewunderte, ihn bemitleidete, ihn tröstete. Julia und Leslie heirateten 1878, und in schneller Folge kamen vier Kinder auf die Welt: 1879 wurde Vanessa geboren, Thoby 1880, Virginia 1882, Adrian 1883. Wieder ein Stockwerk tiefer lebten die Duckworth-Kinder, die Julia mit in die Ehe gebracht hatte, die Jungen George und Gerald und das Mädchen Stella. Auch die behinderte Tochter Leslies aus seiner ersten Ehe musste untergebracht werden, ebenso wie die Mutter Julias, die bis zu ihrem Tode in Hyde Park Gate gepflegt wurde.

In der ersten Etage lag das Elternschlafzimmer, das unter dem Aspekt familiärer Schicksalhaftigkeit von Werden und Vergehen die Mitte des Hauses war: Hier wurden die Kinder gezeugt und geboren, hier verdichteten sich für Virginia in der Erinnerung die traumatischen Erlebnisse vom plötzlichen Tod der Mutter und vom langen Sterben des Vaters, von den Schmerzen des Abschieds und der Fassungslosigkeit des Nichtbegreifens. Im Erdgeschoss lagen die Räume für gesellschaftliche Ereignisse, vom Teezeremoniell mit Gewürzbrötchen, das häufig als lästig und langweilig empfunden wurde, bis zum Dinner in großer Abendtoilette, dessen modische Anforderungen nicht minder lästig waren. Zentrum der Geselligkeit war der Salon, der im Sommer durch den vor den Fenstern rankenden wilden Wein in das grünlich-diffuse Licht eines Aquariums getaucht wurde. Flügeltüren unterteilten ihn, zuweilen gesellschaftliche Heiterkeit von gesellschaftlicher Tragik trennend: auf der einen Seite fröhliches Geplauder am Teetisch, auf der anderen unheilschwangere Beichten familiärer Krisen. Virginia Woolf war der festen, wenn auch ironisierenden Überzeugung, dass in einem großen Haushalt ein geordnetes Leben vielleicht ohne Bad und WC, niemals aber ohne trennende Flügeltüren im Salon auskommen könnte.

Im Basement dann, dunkel, feucht und ungesund, die Küche und der Aufenthaltsraum des Personals. Für alle Bewohner gab es ein einziges Badezimmer und drei WCs, was selbst nach den Maßstäben viktorianischer Genügsamkeit nicht eben viel war und zu notvollen Erlebnissen führen konnte – Flügeltüren vermochten hier kaum zu kompensieren. Vielleicht waren es solche Erinnerungen, die den fast kindlichen Enthusiasmus auslösten, mit dem Virginia Woolf die Installation eines WC in Monk's House bejubelte und über den sich ihre Freundin Vita Sackville-West maliziös amüsierte. Auch im Werk Virginia Woolfs hinterließen diese frühen Erfahrungen ihre Spuren: So moniert in dem Roman Die Jahre der Makler gegenüber Eleanor Pargiter, dass ihr Haus nicht jenen Toilettenkomfort aufweise, den seine Kunden verlangen würden.

Das scheinbar so große Haus in Hyde Park Gate war nicht nur übervoll von Menschen, die in kleinen Räumen dicht gedrängt beieinander lebten, es war auch angefüllt mit den Gefühlen dieser Menschen, mit den Erinnerungen an familiäre Szenen von Liebe und Wut, Trauer und Glück, Tragik und Groteske. Der ganze Bau war, so entsinnt sich Virginia Woolf viele Jahre später, mit der Familiengeschichte der Stephens durchtränkt. Und er war dunkel! Nicht nur durch die von Virginia Woolf beklagte Enge der Straße, die ungewollt neugierige Blicke in das Schlafzimmer der Nachbarin gegenüber zuließ, nicht nur durch die dichten, grünen Ranken des wilden Weines, die dem Salon im Sommer fast das Tageslicht nahmen, sondern vor allem durch das bedrückende Schwarz und das dunkle Rot der Einrichtung. Die Sitzmöbel waren mit rotem Samt bezogen, das Holz der Türen und des Mobiliars war schwarz gestrichen und nur mit feinen Goldlinien etwas aufgehellt, und schwere dunkle Vorhänge verhüllten die Fenster. Dieser pseudovenezianische Stil, von Julia Stephen als Relikt der häuslichen Umgebung ihrer Kindheit und Jugend neu aufgelegt, entsprach durchaus den Gepflogenheiten des vornehmen viktorianischen Bürgertums.

Auch heute noch kann man die Wohnbedingungen während der zweiten Hälfte des 19. Jahrhunderts in einem Stadthaus in Kensington besichtigen. 18 Stafford Terrace, W 8, das Haus von Linley Sambourne, einem Cartoonisten des »Punch« (und Urgroßvater von Anthony Armstrong-Jones, i. e. Lord Snowdon), ist zwar kleiner als das Gebäude in Hyde Park Gate, doch innen von ähnlicher Dunkelheit und vermutlich auch von ähnlicher Ausstattung, so dass der Besucher eine flüchtige Ahnung damaliger Lebensart erhalten kann. Allerdings waren die Sambournes insofern zeitgemäßer als die Stephens, als sie die damals modernen Entwürfe von William Morris für die Tapeten in ihrem Hause verwandten; bis Hyde Park Gate war die »Arts and Crafts«-Bewegung erst in Ansätzen gelangt. Zwei wichtige Elemente freilich, die weder ausführliche Erläuterungen noch eingehende Besichtigungen heraufbeschwören können, ohne die aber die Eigentümlichkeit eines Hauses, die vollständige Dimension des täglichen Lebens nicht zu denken sind, bleiben nahezu verborgen: die Gerüche und die Geräusche.

An einem Ort, an dem achtzehn Menschen auf engem Raum zusammen leben, arbeiten, schlafen, kochen, essen, lieben, nur ein Bad haben und sich drei Toiletten teilen müssen, an dem Säuglinge aufgezogen und Kranke gepflegt werden und deshalb viele Feuerstellen brennen müssen, an dem man Gesellschaften gibt und Gäste empfängt – an einem solchen Ort gilt es, eine Vielzahl von Gerüchen auszuhalten. Vanessa Bell schreibt in ihren NOTES ON VIRGINIA'S CHILDHOOD, dass die Lebensbedingungen im Familienhaus nach modernem Standard ziemlich ungesund waren und sie sich kaum daran erinnern könne, ob das Fenster jemals in der Nacht geöffnet gewesen sei. Die Luft war stickig und dumpf; in der Nacht wohl noch drückender als am Tage. Sie bewirkte Albträume bei den Schlafenden und hüllte sie so dicht ein, dass im Untergrund ihrer Träume die Sehnsucht nach morgendlicher Frische, nach leichtem Atmen im Freien intensiv gegenwärtig war. In den Kinderzimmern flackerten die Feuer in den Kaminen und warfen unheimliche Schatten an die Wände, die auch von besorgten Kinderschwestern nicht verscheucht werden konnten. Bangigkeit geisterte durch das Wachen und Schlafen, und auch das Versteck der Kinder unter einem großen Tisch in ihrem Zimmer war dunkel, glich einer Höhle, schloss sie ein in phantasievoll erschaffene Geheimnisse, ohne jedoch immer Geborgenheit anzubieten. Die Kinder erzählten sich Geschichten und ließen ihre Zimmer von merkwürdigen Gestalten bevölkern, die sie füreinander erschufen. Virginia Woolf schreibt in den REMINISZENZEN für ihren Neffen Julian, Vanessas Sohn:

»Ich erinnere mich auch noch an das große und geheimnisvolle dunkle Land unter dem Kinderzimmertisch, wo sich fortgesetzt etwas Abenteuerliches abspielte, obgleich doch die dort verbrachte Zeit in Wirklichkeit so kurz war. Hier begegnete ich deiner Mutter […]. Wir trieben aufeinander zu wie Schiffe auf einem gewaltigen Ozean, und sie fragte mich, ob schwarze Katzen Schwänze hätten. Und ich antwortete, dass sie keine hätten – aber erst nach einer ganzen Weile, in der die Frage in ungeheure Abgründe hinunter widerzuhallen schien, in die bisher kein Laut gedrungen war.« (AUGENBLICKE, 42) Das Absonderliche im Alltäglichen, die Phantasie im viktorianischen Dekor, die Furcht im häuslichen Frieden bestimmten schon früh den kreativen Geist der jungen Virginia. Als die Mädchen älter wurden, war da auch die Angst vor nächtlichen Besuchen des Stiefbruders, vor unziemlichen Übergriffen, denen man sich trotz allen Widerstandes nur schwer entziehen konnte.

Das Haus in Hyde Park Gate war die Herberge für Tage schlechten Wetters, die Zuflucht in Wochen der Krankheit, Stätte der Gastlichkeit bei der Ableistung gesellschaftlicher Verpflichtungen an Nachmittagen und Abenden. Aber wenn man die Erinnerungen von Virginia Woolf liest, hat man den Eindruck, dass die Stephen-Kinder und vor allem Virginia begierig darauf waren, dem Haus und seiner Dunkelheit ins Freie zu entkommen, und das war auch in der Großstadt möglich. Der schmale Garten an der Rückseite des Hauses bot sich dafür kaum an; er scheint nur kärglich bepflanzt und wenig gestaltet gewesen zu sein. Der kleine grüne Flecken vor dem Haus war ebenfalls kein verlockendes Angebot für spielende Kinder. Aber da gab es in nächster Nähe Kensington Gardens als Fluchtpunkt, als Areal der Freiheit; das weite Parkgelände eröffnete alle Möglichkeiten für Spiele, für Bewegung in frischer Luft, aber auch für pflichtgemäße Spaziergänge, deren Attraktivität für die Jüngsten der Familie nicht immer sonderlich groß war.

Kensington Gardens stellte eine von den Kindern geschätzte Erweiterung des häuslichen Bereiches dar, die in den Tagesablauf wie selbstverständlich integriert wurde. Virginia Woolf schreibt:»Unser Leben war von großer Einfachheit und Regelmäßigkeit diktiert. Es schien sich in zwei große Zeitspannen zu teilen, die zwar nicht mit Ereignissen angefüllt, aber in gewisser Weise erheblich natürlicher waren als alle folgenden; denn unsere Pflichten waren einfacher Art und unsere Vergnügungen gleichermaßen. Die Welt befriedigte alle unsere Wünsche. Die eine Zeitspanne verbrachte man innerhalb des Hauses, im Wohn- oder Kinderzimmer, und die andere in Kensington Gardens.« (AUGENBLICKE, 42)

Die Kleinen marschierten also in Begleitung der Nanny – später natürlich auch allein – Hyde Park Gate entlang und überquerten vorsichtig die Kensington Road, damit sie nicht von eilenden Kutschen oder scheuenden Pferden erfasst wurden. Schon vor mehr als hundert Jahren war diese Ost-West-Verbindung eine außerordentlich belebte Straße, auf der in ununterbrochener Folge Droschken, Equipagen und (Pferde-)Busse entlangrasselten. Unfälle waren an der Tagesordnung, und nicht selten nahmen sie einen tödlichen Ausgang. Auch Virginia Woolf berichtet davon, Zeuge eines solchen Ereignisses gewesen zu sein, und zu den Ängsten ihrer Kindheit gehörte die Sorge, dass die sich verspätende Mutter Opfer eines zu schnell fahrenden, unvorsichtigen Kutschers geworden sein könnte.

Auf der anderen Seite der Kensington Road angekommen, musste eine schwierige Entscheidung getroffen werden: Sollte man rechts durch das Queen's Gate gehen oder sich nach links wenden und den Park durch das Palace Gate gegenüber der Gloucester Road betreten? Man hätte auch fragen können, ob den Kindern der Sinn nach Essbarem oder nach Schönem stand, denn an beiden Toren saßen alte Frauen, die etwas feilboten. Am Queen's Gate hockte eine lange, ausgemergelte Gestalt mit einem gelben, pockennarbigen Ziegengesicht, die – so glaubt sich Virginia Woolf zu erinnern – Nüsse verkaufte; am Palace Gate hatte sich eine rundliche Alte postiert, die ein großes, wogendes, farbenfrohes Bündel von Luftballons hielt. Diese Ballons, entsinnt sich Virginia Woolf,»strahlten mir beharrlich rot und violett in die Augen wie die Blumen, die meine Mutter trug, und tanzten ständig in der Luft hin und her. Für einen Penny löste sie dann einen aus dieser üppigen weichen Masse, und ich tanzte mit ihm davon. [...] Die Sträuße von blauen und violetten Anemonen, die jetzt verkauft werden, rufen die Erinnerung an dieses tanzende Lufballonbündel vor dem Tor der Kensington Gardens wach.« (AUGENBLICKE, 103) Blumen sind für Virginia Woolf – so sehen wir auch hier – sehr häufig der Anlass, sich zu erinnern, das Motiv, die Vergangenheit in der Gegenwart zu beschwören. Dieses Phänomen ist wichtig für ihr Schreiben und wird noch häufiger zu erkennen sein.

Kensington Gardens, der Spielplatz der Kinderscharen, die um den Park herum wohnten, war durchaus *fashionable*. Als östliche Weiterführung des Hyde Park für besondere Zwecke hatte George I. das Gelände anlegen lassen; es sollte als Koppel für seine Rotwildherde und zur Unterbringung der Menagerie exotischer Tiere dienen, und das unter Ausschluss der Erholung suchenden Öffentlichkeit. Aber wie so häufig hatten sein Erbe und – fast noch schlimmer – seine Schwiegertochter andere Pläne. Caroline von Ansbach, die Frau des Prinzen von Wales, später George II., war die erste von drei deutschen Prinzessinnen, die der englischen Gartenkultur ihr Interesse und ihre kreative Fürsorge zuwandten. Caroline versicherte sich bei den Planungen zur Gestaltung des Parks in Kensington der Unterstützung von Charles Bridgeman, der seinerseits auf Vorarbeiten von Sir John Vanbrugh, dem Architekten von Blenheim und Castle Howard, zurückgreifen konnte. Bridgeman war ein Pionier des damals so genannten *jardin anglais*, und damit stellte er eine Art Verbindung her zwischen den formalen Gärten vom Anfang des Jahrhunderts und den Landschaftsgärten des ›Capability‹ Brown. Nicht mehr geometrischer Stil, hohe Hecken, aufwendig zu pflegende Anlagen waren die Gestaltungskriterien und -elemente, sondern große Linien, die Perspektiven eröffneten, verstreute Gehölze, die sich abwechselten mit absichtsvoll belassener Wildnis und gewundenen Pfaden, sowie ein kunstvoll angelegter See, der Round Pond. Dies war das entscheidend Neue des Parks von Kensington. Heute sind nur noch die geraden, breiteren Wege zu erkennen, während die anderen im Laufe der Zeit verschwanden.

Anders als zu Zeiten von George I. wurde der Park geöffnet, allerdings nur für jene, die der Vergabe einer Eintrittskarte durch den Lord Chamberlain würdig waren. Lustwandelten König und Königin anfangs noch im St. James's Park, verachtete Caroline diesen bald als etwas ordinär. Man zog sich in den Palast nach Kensington zurück und genoss die reinere Luft der zugehörigen Gärten; der Park wurde somit zu einem wichtigen Ort des höfischen Lebens. Im Laufe der Jahre aber verlor die Anlage ihren exklusiven Charakter, und 1820 schreibt die Frau des russischen Botschafters über den »sozialen Niedergang« von Kensington Gardens, dass sich hier einzig die *middle class* träfe; die gute Gesellschaft käme nur noch in den Park, um sich zu ertränken. Die Prinzessin Lieven spielte damit auf den Selbstmord der ersten Frau von Percy Bysshe Shelley an, die in Parkgewässern den Tod suchte.

Doch der Zugang zu den Parks war für sozial Schwächere sehr viel schwerer zu erlangen, als es diese Anekdote nahe legt. Noch 1850 heißt es in einem HAND-BOOK OF LONDON, dass Diener in Livree keinen Zugang zum Park erhalten sollten. Bewohner des East End und all jene, die als Industriearbeiter Erholung in frischer Luft dringend nötig gehabt hätten, durften überhaupt erst sehr spät und dann auch nur aus Sorge um den Erhalt ihrer Arbeitskraft in die Parks. Einige Anlagen wie der Green Park wurden gar – so beschreibt es noch Jack London im Jahre 1903 – zur Schlafstätte der zahlreichen Obdachlosen, die nachts keine Unterkunft fanden. Mit diesen Problemen wurden die Stephen-Kinder natürlich nicht konfrontiert, denen im vornehmen Kensington kaum Angehörige der unteren Schichten begegneten. Sie erlebten den Park als königliches Refugium, in dem Vanessa später sogar – ganz comme il faut – Ausritte unternehmen sollte.

Der royale Charakter wird betont durch den im Westen der Grünanlagen befindlichen Kensington Palace: Ursprünglich eine Art Landhaus im Jacobean Style, wurde es von Christopher Wren im Auftrage Williams III. zu einem königlichen Herrschaftssitz umgestaltet. Prinzessin Victoria kam in diesem Gebäude zur Welt und verbrachte in ihm ihre Kindheit, bis sie hier im Juni 1837 davon erfuhr, dass sie den Thron besteigen würde. Für sie und ihre Nachfolger wurde der Buckingham Palace zum

Zentrum königlichen Lebens und königlicher Herrschaft; das Schloss in Kensington bestimmte man zur Residenz anderer Mitglieder der königlichen Familie. Erst der Tod von Lady Diana und die sich anschließenden Trauerexzesse, die zentnerweise Blumen vor das Palastgitter schafften, riefen wieder größeres Interesse an dem Schloss wach, das auch besichtigt werden kann.

Vor mehr als hundert Jahren jedoch war der Palast ein Ort, dem man sich vielleicht schon damals mit Neugier, aber zumindest mit ehrfürchtiger Neugier näherte. Die roten Backsteinmauern wirken nicht ganz so repräsentativ, wie man es vermutlich von einem königlichen Hause erwartet, doch wenn man vom Broad Walk aus auf das Palais zugeht, rechnet eine große, weiße, füllig zu Marmor gewordene Victoria auf die angemessene Ehrerbietung, die ihr die Stephen-Kinder auf ihren Gängen durch den Park vielleicht zuteil werden ließen. In dem Roman DIE JAHRE ist es genau diese Szenerie, die von Martin Pargiter nachdenklich betrachtet wird: »Sie war bewundernswert komponiert. Da war die weiße Figur Königin Victorias vor einer grünen Böschung; dahinter war der Backstein des alten Palasts; die Phantomkirche reckte ihren Turm, und der Round Pond bildete einen blauen Tümpel. Ein Bootsrennen fand statt. Die Boote legten sich auf die Seite, so daß die Segel das Wasser berührten.« (DIE JAHRE, 225)

Auch heute noch lassen begeisterte Modellschiffbauer jeglichen Alters ihre Boote auf dem Pond schwimmen, dabei das Gebot beachtend, dass keine Motorhilfen benutzt werden dürfen. Maritime Freuden auf dem Mini-Gewässer schildert Virginia Woolf in EINE SKIZZE DER VERGANGENHEIT: »Natürlich ließen wir auch Schiffchen fahren. Da war der große Tag, als mein Kornischer Logger herrlich direkt in der Mitte des Teiches segelte und dann vor meinen erstaunten Augen plötzlich versank. ›Habt ihr das gesehen?‹ schrie mein Vater, während er mit großen Schritten auf mich zukam. Wir hatten es beide gesehen und waren beide fassungslos.« (AUGENBLICKE, 105)

Immerhin hatte der Untergang des Feriensouvenirs ein Happy End, berichtet Virginia Woolf, denn als im Frühling der Teich gereinigt wurde, kamen nicht nur dichte Algenbündel, sondern auch der Logger an die Oberfläche. Die kleine Virginia konnte strahlend nach Hause rennen, ihr unglaubliches Erlebnis glaubhaft erzählen und dann zusehen, wie ihre Mutter neue Segel nähte und ihr Vater diese auftakelte – wobei er das für einen ernsthaften Mann unziemliche Vergnügen bei unernsthafter Tätigkeit empfand.

Abgesehen vom Geheimnis des gesunkenen Schiffes gab es kaum aufregende Erlebnisse für die Kinder, denn Kensington Gardens war sicherlich kein Abenteuerspielplatz. Die Highlights bei den täglichen Visiten im Park waren nur in Maßen erregend. Da gab es den Genuss verheißenden Erwerb von Süßigkeiten bei einer katzenfreundlichen Frau im grauen Baumwollkleid, da tätigte man wöchentlich den Kauf eines Magazins, dessen Titel »Tit-Bits« Lektüre-Leckerbissen versprach, die man sich durch das Naschen von Schokoladehappen noch versüßte. Um sich ungestört mit diesen Schätzen vergnügen zu können, musste man sich schon etwas separieren, denn während des Tages war der Park als Paradies der Kindheit und der Kinder fest in der Hand der jungen und jüngsten Londoner aus besseren Kreisen.

Auch Martin Pargiter muss in DIE JAHRE nachmittags auf seinem Weg mit Sally zum Round Pond feststellen, dass statt erwachsener Menschen jetzt Kinder in der Mehrzahl waren. Scharen von Kindermädchen schoben Kinderwagen über die Wege, in denen Babys tief und fest schliefen. Ältere Kinder erfüllten die Luft mit schrillem Rufen. Wer damals Ruhe suchte, zog sich auf den Rasen hinter den Beeten des Flower Walk zurück. Und wer heute Ruhe sucht, sollte ein Gleiches tun! Immer noch ist der Round Pond nämlich umlagert von großen Familien mit kleinen Kindern, die spielen und juchzend Sonne und Wasser genießen. Die Erwachsenen sitzen auf den gestreiften Liegestühlen und passen auf, dass die Kleinen nicht ins Wasser fallen oder bei spielerischen Zwiegesprächen mit Enten und Schwänen, die auf dem Teich den Modellbooten Konkurrenz machen, den Kürzeren ziehen, denn die Schwäne sind angriffslustig.

Für Kinder ist der Flower Walk nicht sonderlich attraktiv. Sofern sie nicht Vögel, Schmetterlinge und Insekten beobachten wollen, die von den Blumen, von deren Farben und Düften angezogen werden, bietet der Weg eher etwas für ihre Eltern, die sich an der abwechslungsreichen Gestaltung erfreuen oder sich gar Anregungen für den häuslichen Garten holen möchten. Die Beete des Flower Walk, 1843 angelegt, werden von den Parkgärtnern sorgfältig geplant und je nach Jahreszeit mit immer anderen Blumenarrangements bepflanzt. Diese variieren in Farbe, Höhe und Spezies, damit der Spaziergänger von ständig neuen Impressionen auf dem leicht gewundenen Weg überrascht wird. Viele Büsche und kleinere Rasenflächen konzentrieren den Blick des Betrachters auf die bunte Schönheit der Blumen, und wer genauer hinschauen oder, wie die Stephen-Kinder, lesen möchte, zieht sich auf eine Bank oder auf den Rasen zurück. Es sollte nicht verwundern, wenn die Erinnerung an ein Buch verbunden bleibt mit dem speziellen Duft, der den Lesenden während der Lektüre umgab. Auch Virginia Woolf hatte besondere Erinnerungen an eine Lektüre am Flower Walk.

An einem sehr warmen Frühlingsabend liegen sie und ihre Schwester in dem hohen Gras hinter den Blumen, und Virginia hatte zum Lesen THE GOLDEN TREASURY [of the Best Songs & Lyrical Poems in the English Language] mitgenommen. Sie schlägt das Buch auf und beginnt irgendein Gedicht zu lesen. Und augenblicklich und zum ersten Mal versteht sie dieses Gedicht. Sie hat das Gefühl, als würde es durchsichtig, als bekämen die Wörter eine Transparenz, eine Steigerung ihrer nonverbalen Qualität. Sie hören auf, Wörter zu sein, und entwickeln das, was der Leser bereits spürt – er scheint zu begreifen, was gemeint ist. Dieses seltsame Gefühl, dass Dichtung zugänglich wird, ist für Virginia mit Erfahrungen gesteigerter Intensität von Empfindungen und Erkenntnissen nach dem Tode der Mutter, aber auch mit den Impressionen im Grünen verbunden. Genau erklären kann sie diese Sinneswahrnehmung nicht, die sie in dem hohen Grase hatte, doch sie stellt fest: »Es läßt sich mit dem vergleichen, was ich manchmal empfunden habe, wenn ich schreibe: Die Feder wittert die Fährte.« (AUGEN-BLICKE, 127) Es sind spezielle Seinsmomente, die in ihrer Erinnerung zu Entdeckungen in Kensington Gardens gehören.

»Zweimal täglich« hieß es in dem Rezept, das den Stephen-Kindern frische Luft, Bewegung und – manchmal – besondere Erlebnisse im Park verschrieb. Sie wechselten aus dem gehobenen, wenn auch dunklen Ambiente von 22 Hyde Park Gate in das herrschaftliche, helle von Kensington Gardens, in dem die täglichen Begegnungen mit der marmornen Queen, die wie eine

Super-Nanny das Treiben im Park überwachte, den Sinn für die eigene soziale Situation unbewusst schärften. Natur wurde im aristokratischen Kontext erlebt. Wer spielend in der Umgebung eines Palastes aufwächst, weiß um gesellschaftliche Exklusivität, hat einen »höheren« Blick, entwickelt vielleicht sogar einen Snobismus, der spätere Begegnungen mit dem Adel genießt. Der große Park am nördlichen Rand vom Royal Borough of Kensington and Chelsea war ein Stück erinnerte Heimat für Virginia Woolf – genauso wie St. Ives an der Westküste Cornwalls. Und in der Erinnerung gab es sogar eine direkte Verbindung zwischen beiden Orten – um sie herzustellen, musste man nur den Broad Walk entlanggehen. »Dieser Broad Walk hatte eine seltsame Eigenschaft: Wenn wir von St. Ives zurückkamen und unsern ersten Spaziergang dort machten, verwünschten wir ihn jedes Mal: es sei überhaupt kein Hügel, sagten wir. Als die Wochen vergingen, wurde der Hügel langsam immer steiler, bis er im Sommer wieder zum Hügel geworden war.« (AUGEN-BLICKE, 103) Und das war für die Familie Stephen die Zeit des Aufbruchs nach Cornwall.

Der Blick in ein heutiges Kursbuch zeigt, dass die Reise von London nach St. Ives, mit Umsteigen in St. Erth, in fünf Stunden zu bewältigen ist; ein Fahrplan aus dem Jahre 1909 veranschlagt für die Strecke etwas mehr als sieben Stunden, um von Paddington mit dem Cornish Riviera Express der Great Western Railway an die Küste zu kommen. In den achtziger und neunziger Jahren des 19. Jahrhunderts jedoch, als die Stephens nach St. Ives fuhren, um die Sommerferien dort zu verbringen, waren sie mindestens einen ganzen Tag unterwegs – und das mit einer großen Familie und einer noch größeren Menge an Gepäckstücken, die von Gummistiefeln bis Schmetterlingsnetzen alles Lebensnotwendige enthielten. Insofern waren Familienreisen vor allem eine Frage der Logistik – und des Geldes.

In EINE SKIZZE DER VERGANGENHEIT schreibt Virginia Woolf über ihren Vater:»Es ist ein Zeichen für die Sorglosigkeit und Unbekümmertheit jener Zeit, dass ein Mann, für den Geld ein grauenvoller Albtraum war, es dennoch für angängig hielt, am äußersten Fußnagel von England (wie er sich ausdrückte) ein Haus zu mieten – so daß er jeden Sommer die Kosten aufzubringen hatte, Familie, Kindermädchen und Hauspersonal von einem Ende Englands zum andern zu übersiedeln. Doch er tat es.« (AUGENBLICKE, 148)

Als Angehörige einer Nation, die auf schwierigen Expeditionen Urwälder und Wüsten erforscht und einen Subkontinent erobert hatte, waren die Stephens durch nichts zu schrecken. Und mit einer Expedition war die Fahrt nach St. Ives durchaus zu vergleichen, denn in der zweiten Hälfte des 19. Jahrhunderts wurden Wochenend- und Ferienreisen für die Londoner zwar immer alltäglicher, doch besuchte man gemeinhin jene Orte, die in der Nähe der Hauptstadt lagen. Die aufstrebenden Schichten, vor allem Handwerker, fuhren mit dem Dampfboot nach Southend, Ramsgate oder Margate, die besser gestellten bürgerlichen Kreise zog es nach Brighton, Hastings oder Folkestone, wo man Erholung vor allem durch Unterhaltung suchte. Um die speziellen Bedürfnisse der Urlauber in jenen Orten zu befriedigen, musste es mindestens einen Pier mit Karussells für die Kinder geben, Tanzpaläste für die Älteren und viel, viel Musik. In manchen Seebädern nahm das zuweilen lautstarke Amüsement derart überhand, dass zum Beispiel Eastbourne seine Exklusivität durch eine deutliche Negativwerbung zu behaupten suchte: Tagesausflügler wollte man abschrecken, indem man auf das Fehlen von billigen Restaurants, Bauchrednern und Handlinienlesern hinwies – anscheinend mit Erfolg. Ganz anders die Urlaubsfreuden in Cornwall! Dessen Abgelegenheit hatte lange Schutz vor Urlauberheeren aus London geboten, und erst die Entwicklung der Great Western Railway, die ihr Schienennetz über Plymouth und Falmouth hinaus fast bis an das Ende des Landes ausbreitete, ließ Cornwall in den Prospekten von Thomas Cook und anderen Reiseunternehmern erscheinen. Und vielleicht war es auch der eschatologisch anmutende Name Land's End, der die Menschen von Reisen in diese verwunschene Ecke der Insel abhielt, in der keltische Mythen und Sagen der Phantasie Unheimliches zumuteten – zugleich aber aus der Zumutung Literarisches entstehen ließen.

St. Ives, am Ende des 19. Jahrhunderts ein geschäftiger Fischereihafen, in dem vor allem Sardinen angelandet wurden, beherbergte auch Minenarbeiter und bot sogar einer kleinen Künstlerkolonie ein Unterkommen. Es war recht eigentlich ein Alltags- und Arbeitsort, in dem die Feriengäste teilhatten an dem täglichen Leben, an den Aufregungen des Fischfangs, an der Sorge um Schiffbrüchige und um die Einsamkeit des Leuchtturmwärters. Die Kinder schauten beim Einlaufen der Boote und beim Ausladen des Fangs zu; sie bewunderten die tapferen Seenotretter, deren verhältnismäßig kleines Lifeboat in einem Schuppen am Hafen auf den Einsatz wartete, und sie spähten zum fernen Leuchtturm hinaus, in der Hoffnung auf eine Überfahrt. Natürlich gab es auch Besuche am Strand und Badefreuden, doch die Ferienlandschaft war nicht eng umgrenzt, Sommerfrische war nicht beschränkt auf das Liegen im Sand und die Nutzung eines Badekarrens.

Virginia Woolf beschreibt detailliert, welche Bedeutung Ferien in Cornwall für sie und ihre Geschwister hatten; es war eine Fülle höchst unterschiedlicher Eindrücke und Erlebnisse:»Bis an das Ende von England zu reisen, unser eigenes Haus, unsern eigenen Garten zu haben – diese Bucht, dieses Meer und den Hügel mit Clodgy- und Halestownheide zu haben, die Carbis Bay, Lelant, Zennor, Trevail und den Gurnardskopf […], im Sand zu buddeln, über die Felsen zu kriechen und im tiefen, klaren Wasser dazwischen die Seeanemonen zu beobachten […]; in die Stadt hinunterzugehen und für einen Penny Schachteln mit irgendwelchen Nägeln oder sonst etwas bei Lanhams zu kaufen […]; all die Fischgerüche in den steilen kleinen Straßen zu schnuppern und die unzähligen Katzen und die Frauen zu beobachten, die von den erhöhten Stufen ihrer Häuser aus Eimer mit Schmutzwasser in die Rinnsteine leerten […].« (AUGENBLICKE, 149) Der Ferienort St. Ives bot gänzlich andere Erfahrungen für die Erholungssuchenden als die Küstenstädte in Sussex und Kent, als Brighton und Ramsgate. Brighton war – mit aller Vorsicht formuliert – die Fortsetzung von Hyde Park Gate in anderem Klima: nur eine kleine Flucht ins Freie, die bald wieder zurück in dicht an dicht gebaute Häuser zwang. St. Ives hingegen führte weit über die imaginären Grenzen des täglichen Fluchtzieles Kensington Gardens hinaus; es bot die Freiheit des Besonderen, ein unvergessliches Entfliehen an die Gestade des Atlantiks. Und die Kleinheit der Fischerhäuser, die Enge der Straßen waren kein Widerspruch, denn es wartete Talland House als ersehntes Ziel nach langer Bahnfahrt auf die Londoner Sommerfrischler.

Die Reise war gewiss mühsam: Hungrige Kinder mussten gefüttert, gelangweilte unterhalten und missgelaunte wieder aufgemuntert werden, aber sicher dürfte ein Ausruf wie »Seht nur, das Meer!« schlagartig die Ferienstimmung wiederhergestellt haben. Allerdings: Dieser befreiende Ausruf konnte frühestens nach dem Umsteigen in St. Erth kommen – es sei denn, man nimmt einen kurzen Blick auf das Wasser bei der Überquerung des Tamar bei Plymouth hinzu.

Von da an dampft die Bahn quer durchs Land über Bodmin, St. Austell (auch hier bietet sich eine begrenzte Aussicht auf die Bucht) weiter nach Truro und Redruth, um dann in der kleinen, fern des Ortes gelegenen Station von St. Erth die Reisenden nach St. Ives zum Umsteigen zu nötigen. Hier beginnt die letzte, kurze Etappe, und wenn die Reisenden die Fenster geöffnet haben, dann hören sie schon das Rauschen der Wellen – sofern nicht gerade Ebbe ist – und das Schreien der Möwen, und sie riechen das Meer und wissen, das so inständig ersehnte Ziel ist erreicht.

An die Fahrt Richtung Cornwall knüpft Virginia Woolf ihre erste Erinnerung, und diese konkretisiert sich, wie so oft, in Floralem. Die kleine Virginia sitzt auf dem Schoß ihrer Mutter, betrachtet deren Kleid und die roten und lila Blumen auf schwarzem Grund – vermutlich Anemonen. Diese Reminiszenz führt zu einer weiteren, die Virginia Woolf ihre wichtigste nennt, weshalb sie in nahezu jedem Buch über die Autorin zitiert wird, und die auch hier nicht fehlen darf, ist sie doch – man ist versucht zu sagen, im wahrsten Sinne des Wortes – der Fluchtpunkt im Leben von Virginia Woolf. In der Retrospektive geschieht die Selbstvergewisserung, die an die Kindheit als die entscheidende Lebensphase erinnert. Nur hier war das Glück im unreflektierten, aber ungeheuer bewussten Erleben des Augenblicks möglich – eines Augenblicks, der seine Bedeutung auch aus der intensiv empfundenen Präsenz der Natur bezieht:»Wenn das Leben ein Fundament hat, auf dem es steht, wenn es eine Schale ist, die man füllt und füllt und füllt – dann steht meine Schale zweifellos auf dieser Erinnerung: Ich liege halb schlafend, halb wach im Bett, im Kinderzimmer in St. Ives. Ich höre – hinter einem gelben Rouleau –, wie die Wellen sich, eins-zwei, eins-zwei, brechen und über den Strand hinaufschäumen, und sich dann wieder, eins-zwei, eins-zwei, brechen. [...] ich liege und höre dieses Schäumen und sehe dieses Licht, und ich habe das Gefühl, es ist fast nicht möglich, dass ich tatsächlich hier bin, mit dem Gefühl der reinsten Ekstase, die ich mir vorstellen kann.« (AUGENBLICKE, 88)

Der Ort dieser traumnahen Erfahrung ist das Kinderzimmer in Talland House, dem Feriendomizil der Stephens, das Leslie auf einer seiner Wanderungen entdeckte und kurzerhand mietete. Damals wie heute steht es auf einer Anhöhe über dem Porthminster Beach, mit weitem Blick über das Meer, den das davor liegende Hotel, zum Entsetzen von Julia Stephen Ende des 19. Jahrhunderts gebaut, nur teilweise einzuschränken vermag. Der Weg vom Bahnhof unten am Meer hinauf zum Haus war steil und recht beschwerlich, doch die Kinder waren froh, nach dem langen Stillsitzen endlich laufen und springen zu können. Man stieg auf einem schmalen Pfad durch Gärten aufwärts, musste noch eine Straße überqueren und stand dann endlich vor der Haustür – die Ferien konnten beginnen. Zumindest für die Kinder! Julia Stephen war wie in Hyde Park Gate zuständig für die tägliche Sorge um den Haushalt, und wenn man – was nur teilweise statthaft ist – Virginia Woolfs ZUM LEUCHTTURM unter familienbiographischen Aspekten liest, dann sieht man in der Gestalt von Mrs Ramsay Julia

Kensington Gardens:
ein typisches Ensemble aus Architektur und
kunstvoll gestalteten Teichen
vor den mächtigen Baumgruppen des Parks
(historische Aufnahme)

33

oben:
Kensington Gardens:
Eingangstor zu dem
in den Jahren 1908 bis 1909
angelegten Sunken Garden

rechte Seite:
Kensington Gardens im Frühjahr

Im Hintergrund der von
Christopher Wren umgebaute und
erweiterte Kensington Palace,
davor die Marmorstatue von Queen Victoria,
entworfen von ihrer Tochter
Prinzessin Louise

St. Ives:
der lang gezogene Porthminster Beach,
im Hintergrund die Stadt
und die Halbinsel The Island
(historische Aufnahme)

Blick auf St. Ives vom Malakoff,
dem erhöhten Aussichtspunkt nahe
dem örtlichen Bahnhof

oben:
St. Ives: Garten von Talland House
mit Blick auf die Bucht

folgende Seite:
im alten Ortskern von St. Ives

Stephen in eifrig-geduldiger Mühe Ehemann, Kinder und Besucher betreuen.

Das Haus war groß, viele Zimmer konnten viele Kinder und Gäste aufnehmen, aber es war recht einfach und wenig komfortabel, und die große Zahl der Bewohner wie auch die lange Zeit des Leerstehens zwischen den Ferien hatten zur Folge, dass es etwas schäbig und heruntergekommen wirkte. Allerdings fiel dies den Kindern erst im Nachhinein auf, als sie – bereits erwachsen – noch einmal den Schauplatz ihrer Sommerträume besuchten und feststellten, wie gepflegt alles inzwischen aussah, nachdem die neuen Besitzer das Anwesen aufgeputzt hatten. Heute ist Talland House noch sehr viel älter, aber auch sehr viel schöner. Es gibt zahlreiche, ausnehmend komfortable Ferienapartments mit dem berühmten Blick über die Bucht, und die jetzigen Eigentümer werben in ihren Prospekten mit der Schönheit von St. Ives und der von Virginia Woolf.

Talland House war für die Stephens – und vor allem für die Kinder – in vieler Hinsicht eine Gegenwelt zu Hyde Park Gate! War Kensington ziemlich dunkel und im Sommer nur diffus grünlich erhellt, so war St. Ives strahlend, auch wenn die Sonne nicht schien, und in der Erinnerung scheint für Kinder fast immer die Sonne. In Hyde Park Gate blieben die Fenster geschlossen, frische Luft war verpönt, während die Wände von Talland House nur aus Fenstern zu bestehen schienen, die offen waren, um die Düfte des Gartens und das Rauschen des Meeres einzulassen. Und überall eine Vielfalt von Blumen und Farben! Am Haus wuchsen Passionsblumen empor und rankten sich bis zum Balkon des elterlichen Schlafzimmers. Virginia Woolf erinnert sich der Fülle farbiger Impressionen und stellt fest: »Wenn ich Malerin wäre, würde ich meine ersten Eindrücke in einem blassen Gelb, Silber und Grün malen: wie die hellgelben Rouleaus, das grüne Meer und das Silbrige der Passionsblumen. Ich würde ein halbtransparentes Rundbild malen, ein Bild mit gewölbten Blütenblättern, mit Muscheln, mit Dingen, die halb durchsichtig wären.« (AUGENBLICKE, 90)

Auch die erinnerten Geräusche gehen in das Bild ein und verbinden sich mit den Blüten und Blättern, wie denn so vieles, das aus der Vergangenheit auftaucht, mit Pflanzen unterschiedlichster Art assoziiert wird. Und Blumen, Bäume, Sträucher, Büsche und Pflanzen gab es im Garten von Talland House genug, denn dieser war recht groß und konnte daher vielfältig bepflanzt werden. Wenn man die Aufzeichnungen von Leslie Stephen mit dem morbiden Titel MAUSOLEUM BOOK liest, dann erfährt man, dass der Garten nicht unwichtig war bei dem Entschluss, das Haus zu mieten. Nur knapp erwähnt er das kleine, aber geräumige Haus, um dann sehr ausführlich den Garten zu beschreiben, der ein oder zwei Morgen umfasste und sich weit über den Hügel abwärts hinzog. Wegen des ansteigenden Geländes war er teilweise in schmale Terrassen gegliedert, die ihrerseits durch Escalloniahecken strukturiert wurden. Es gab ein kleines Treibhaus, einen Küchengarten und einen Obstgarten. Auf einer besonders ebenen Rasenfläche wurde ein Tennisplatz angelegt, auf dem die Kinder nicht nur Tennis, sondern fast jeden Abend mit großem Spaß auch *small cricket* spielten. Die kleine Virginia exzellierte dabei in besonderer Weise, galt sie doch als wilde Spielerin bei diesem für Mädchen sehr untypischen Sport.

In den Erinnerungen von Leslie Stephen ist seine Frau die Hauptperson, da er ihre Persönlichkeit und das gemeinsame Leben den Kindern überliefern möchte, und so sieht er, wenn er rückblickend den Garten durchmisst, überall und in jeder Ecke seinen »darling Julia«. Der Garten war der bevorzugte Aufenthaltsort von Julia Stephen. Sie liebte Blumen, und sie liebte auch das Gärtnern, so weit ihr das bei der Kürze des Aufenthaltes in St. Ives möglich war, was sie aber umso lieber tat, als der »Hinterhofgarten« in Kensington nicht das richtige Betätigungsfeld bot. Besonders gerne saß sie in einer Ecke des Anwesens, *coffee garden* genannt, wo sie an heißen Tagen Kühlung im Schatten der Escallonia fand. Dabei leistete ihr dann auch Leslie Gesellschaft – nicht aber bei der Gartenarbeit, die damals noch Sache der Hausfrau war.

Als Mrs Ramsay in ZUM LEUCHTTURM durch den Garten ihres Ferienhauses geht, ist es September, die Tage werden kühler, aber es blühen noch feuerrote Fackellilien und Dahlien. Der Garten ist für sie ein besonderer Ort häuslicher Tätigkeit, den sie gerne und mit einem gewissen Stolz durchstreift. Wenn sie am Arm ihres Mannes über das Grün schlendert, würdigt dieser nur pflichtschuldigst ihre Arbeit, steht sie doch in keinem Verhältnis zu der Bedeutung seiner intellektuellen Leistung. Eigentlich möchte er wieder einmal von seiner Frau für seine Bücher bewundert werden, doch ausnahmsweise will er sie damit nicht behelligen. Während sie auf die Blumen schaut, geht sein Blick in eine andere Richtung. Und dann meint Mr. Ramsay lediglich herablassend, dass diese Blumen sich doch achtbar hielten, als er etwas Rotes und etwas Braunes bemerkt – eine genauere Identifikation ist unter seiner Würde.

St. Ives und Talland House sind der Urgrund vieler Werke von Virginia Woolf, deren berühmtestes und vielleicht sogar beliebtestes der Roman ZUM LEUCHTTURM ist. Ihre Schwester Vanessa bestätigte ihr, dass sie darin ein genaues Bild der Eltern gezeichnet habe – ein Bild, das die vor vielen Jahren Verstorbenen gewissermaßen in der Gegenwart lebendig werden ließ.

Dies erstaunt nicht, wenn man die Aussage von Virginia liest, dass sie bis zur Abfassung jenes Romans von der Präsenz ihrer Mutter geradezu verfolgt wurde und erst das Buch ihr half, mit den sie bedrängenden Erinnerungen fertig zu werden.

Aber auch der Garten von Talland House steht Virginia Woolf noch fast fünfzig Jahre später sehr lebendig vor Augen, wenn sie ihn in EINE SKIZZE DER VERGANGENHEIT beschreibt: »Am Hang des Hügels gab es kleine Rasenflächen, die von dichten blühenden Büschen eingerahmt waren, deren Blätter man pflückte, zusammenpresste und an denen man roch. Es hatte so viele Winkel und Rasenflächen, dass sie alle einen Namen hatten: der Kaffeegarten, der Springbrunnen, das Kricketfeld, der Liebeswinkel unterhalb des Treibhauses, wo die dunkelviolette Waldrebe wuchs [...]; das Erdbeerbeet, der Gemüsegarten, der Teich und der hohe Baum. Alle diese verschiedenen Plätze waren in dem einen Garten zu finden, denn es war ein großer Garten – mindestens zwei oder drei Acres schätze ich. Man betrat Talland House durch ein großes, hölzernes Tor [...]; man ging den Fahrweg an seiner hohen Mauer entlang, auf der vereinzelte Mesembryanthemums wuchsen, und kam dann rechter Hand zum ›Lugaus‹.« (AUGENBLICKE, 150 f.) Sicherlich wird die Lektüre des MAUSOLEUM BOOK ihrer Erinnerung aufgeholfen haben, doch die vielen Details der Nennungen zeigen, wie präsent Virginia Woolf der Garten der Kindheit noch im Alter ist. Besonders bemerkenswert ist der Gebrauch des botanischen Namens für die häufig auf Steinen wachsende Mittagsblume: ein überraschender Einbruch naturwissenschaftlicher Terminologie in einen eher poetischen Text.

Auch der Besuch in St. Ives mit den Geschwistern im Jahre 1905, über den Virginia Woolf in ihren frühen Tagebüchern schreibt, hat das Gedächtnis belebt. Vor allem aber hat er sehr deutlich gemacht, dass die Kindheit vorbei, der Garten verschlossen ist. Im August des Jahres, das auf den Tod des Vaters folgt, nehmen die vier Kinder mit Gefühlen der Verzauberung den Zug der Great Western nach Cornwall, der sie als eine Art Magier in eine andere Welt, in eine andere Zeit transportieren soll. Kaum etwas hat sich verändert, als sie in St. Ives eintreffen, und sie glauben, alles sei so wie früher, wenn sie von einer langen Wanderung abends heimkommen. Sie gehen zum Talland House hinauf, sie betreten zögernd das Grundstück, sie sind sich bewusst, Unerlaubtes zu tun, und spähen sehnsuchtsvoll durch die Escalloniahecke auf das von Fremden bewohnte Haus. Und dieselbe Hecke, die sie früher in ihre Kindheit einschloss, die sie beschützte in Ferienträumen, dieselbe Hecke schließt sie jetzt aus. So wird die blühende Escalloniahecke in der Biographie von Virginia Woolf zum Symbol für den Schutzraum der Kinder und die schmerzliche Isolierung der Erwachsenen. Der Garten der Kindheit ist versperrt, nur im Schreiben findet Virginia Woolf noch den ersehnten Zugang.

Während das Erkennen dieses »Pflanzen-Zeichens« vom Leser geleistet werden muss, gibt es andere im Garten von Talland House, auf die Virginia Woolf selbst in ihren Erinnerungen hinweist. Genau genommen ist die Wahrnehmung von Blumen ein wesentlicher Grund des Schreibens für die Autorin. In ihren Aufzeichnungen kommt ihr ein besonderer Augenblick in St. Ives in den Sinn: »Ich betrachtete das Blumenbeet bei der Eingangstür. ›Das ist die Ganzheit‹, sagte ich. Ich schaute auf eine Pflanze mit einer Fülle von Blättern hinunter, und es schien mir plötzlich klar, daß die Blume selbst ein Teil der Erde war, daß ein Kreis die Blume umschloß, und daß dies die wahre Blume war: teils Erde, teils Blume.« (AUGENBLICKE, 97) Und diese plötzlichen »Schocks« substantieller Erkenntnis machen nach Ansicht von Virginia Woolf den Schaffensgrund vieler Schriftsteller aus. Ihre Sensibilität für derartige »Schocküberfälle«, das heißt für die plötzliche, unmittelbare und ungefilterte Erfahrung von Natur, von Realität, ist das, was *sie* zur Schriftstellerin macht. Sie glaubt, dass alle Künstler etwas Ähnliches empfinden, obwohl es als eines der rätselhaftesten Elemente im Leben kaum diskutiert würde.

Ihre Kindheit jedenfalls ist bestimmt von seltsamen Erlebnissen, die aber in der Erinnerung fortwirken und sich in später geschaffenen Texten wieder konkretisieren. Der »Schock« beim Gewahrwerden der Realität wird zu einer Offenbarung, er ist der Beweis für eine Wirklichkeit hinter den Erscheinungen, der dadurch existent wird, dass die Autorin ihn in Worte fasst. Dadurch, so fährt Virginia Woolf in EINE SKIZZE DER VERGANGENHEIT fort, werden imaginative Erfahrungen zur Ganzheit, werden getrennte Teile zusammengefügt. »Das ist wahrscheinlich die größte Freude, die ich kenne. Es ist die Verzückung, in die ich gerate, wenn mir, während ich schreibe, bewußt wird, was zusammengehört, wenn mir eine Szene gelingt, wenn ich einen Charakter gestalte. Daraus ergibt sich für mich, was ich vielleicht eine Philosophie nennen möchte. Jedenfalls bin ich der festen Meinung [...], daß die ganze Welt ein Kunstwerk ist, und daß wir alle Teile dieses Kunstwerkes sind.« (AUGENBLICKE, 98) Und diese Erkenntnis ergibt sich bezeichnenderweise aus der Erinnerung an die ganzheitliche Fülle eines Blumenbeetes!

Haus und Garten in St. Ives bilden einen wichtigen Teil des Fundamentes, das Virginia Woolf und ihr Werk trägt. Und das Meer! – wird manch ein Kenner ihrer Romane hinzufügen wollen. Für viele Leser sind die Kindheitserinnerungen an Cornwall in ZUM LEUCHTTURM am deutlichsten thematisiert, doch wenn sie in dem Roman DIE WELLEN blättern, werden sie den Garten und das Meer erneut entdecken. Dort aber wird ihnen die Natur sehr viel sinnlicher und fast schon visionär erscheinen. Der Garten, der ebenso wie das Meer in den »Zwischenspielen« poetische Realität gewinnt, ist so voller Leben, voller Farben, voll genießerischer Sinnlichkeit, dass er geradezu einen Kontrapunkt bildet zu den Todeserlebnissen von Bernard und seinen Freunden: »Die Johannisbeeren hingen in Wellen und Kaskaden von poliertem Rot vor der Mauer; Pflaumen schoben schwellend ihre Blätter auseinander, und alle Grashalme waren zusammengelaufen in eine einzige fließend grüne Feuersflut. [...] Die Vögel sangen leidenschaftliche Lieder, die nur an ein einziges Ohr gerichtet waren und dann verstummten. Gurgelnd und glucksend beförderten sie kleine Strohhalme und Zweige zu den dunklen Knoten in den oberen Baumästen. Übergoldet und purpurgefleckt hockten sie im Garten, wo Goldregendolden und Flieder Gold und Lila herabschüttelten, denn jetzt zur Mittagszeit war der Garten ein einziges üppiges Blühen, und sogar die Tunnel unter den Stauden waren grün und purpurrot und gelbbraun, wenn die Sonne durch das rote Blütenblatt brannte oder das sattgelbe Blütenblatt oder von einem dickbepelzten Stengel abgeschirmt wurde.« (DIE WELLEN, 116)

Der heutige Feriengast von Talland House, auf der Suche nach dem, was die Wirklichkeit von der Literatur übrig gelassen hat, betritt einen sehr viel kleineren Garten, der aber immer noch Wind abweisende Hecken, bunte Blumen und vom »Lugaus« eine Aussicht über die Bucht zum Godrevy Lighthouse bietet. Und beim Anblick dieses weit entfernten Seezeichens wird der Leser die Sehnsucht des kleinen James Ramsay verstehen, der dorthin wollte, den aber das Machtwort des allwissenden Vaters zurückhielt. Zugleich aber wird er sich fragen, warum Godrevy zu einem der berühmtesten maritimen Bauwerke der Weltliteratur werden konnte. Wenn der Turm jedoch an einem sonnigen Tag in strahlender Weiße aus dem blauen Meer emporragt, erscheint er als magische Vision, der man sich wohl nur im Schreiben zu nähern wagt. Heute gehört er zum Besitz des National Trust und steht allen Besuchern offen – auch und gerade denjenigen, die auf den Spuren von Virginia Woolf reisen. Unter technischem Aspekt gesehen bleiben von der Literatur nur noch einige Zahlen übrig: Der weiße Lichtstrahl – inzwischen gespeist von Solarenergie – reicht siebzehn Meilen weit und blitzt alle zehn Sekunden auf. Und jetzt ist der Leuchtturm wie alle anderen an Englands Küsten nur noch ein Helfer in der Finsternis und nicht mehr ein magisches Monument.

Der Feriengast wird sich nun von der entfernteren Sehenswürdigkeit abwenden und in den Ort hinuntergehen – am »Malakoff« vorbei, wo früher die Musik spielte und heute die Touristen den Blick auf den Ort genießen –, um dort vielleicht Spuren der noch nicht verlorenen Zeit zu finden. Natürlich hat sich St. Ives in den letzten hundert Jahren verändert: vor allem insofern, als die Touristenscharen Fore Street und Fish Street auf das Niveau von Oxford Street zur Rush Hour gehoben haben. Auch dadurch, dass am *Quay* nicht mehr Fische, sondern Ausflügler ausgeladen werden. Und die Schiffbrüchigen werden nicht mehr mit einem Ruderboot gerettet, vielmehr ist jetzt ein motorisiertes Lifeboat im Einsatz, das schneller und hochseetüchtig ist. Und wer Natur mit Kultur verbinden möchte, besichtigt das Atelier von Barbara Hepworth oder die Tate Gallery am Porthmeor Beach. Aber immer noch sind die Straßen eng und verwinkelt, sind die Häuser teilweise noch grau, etliche aber inzwischen weiß gekalkt, und fast alle sind mit Blumenschmuck bunt und einladend aufgeputzt.

Der Feriengast hat im (englischen) Baedeker nachgeschaut und dort die Erklärung gefunden, weshalb es ihn – außer seinem Interesse an Virginia Woolf – nach St. Ives geführt hat. 1927 heißt es da: »[St. Ives], a quaint fishing town, with an artists' colony, is situated on perhaps the most beautiful bay in Cornwall, with a splendid sandy beach.« Und wenn dieser Gast müde und hungrig ist von seinem Stadtbummel, dann wird er sich wohl kaum, wie die Gäste von Mrs Ramsay, ein *Bœuf en Daube* servieren lassen, sondern er wird in einem der exzellenten Fischlokale Meerestiere von der Karte wählen. Zum Dessert gibt es sicherlich eine Süßigkeit, die mit *Cornish Cream* bereitet wurde – jener dicken cremigen Sahne, die auch Virginia Woolf, vor allem mit braunem Zucker bestreut, schätzte. Ist er danach hinreichend gestärkt, kann er eine neue und diesmal weitere Exkursion unternehmen, die ihn wieder auf die Spuren von Virginia Woolf, ihrer Familie und ihrer Freunde bringen wird.

Wer in den Ferien nur am Strand liegen will, braucht die lange Reise nach Cornwall nicht zu unternehmen; wer aber am Strand liegen möchte, um sich von langen Wanderungen zu erholen, der ist in St. Ives genau richtig. Ein Reiseführer aus den zwanziger Jahren nennt viele Routen, die von St. Ives aus – auch heute noch – begangen werden können. Der Sonntagsspaziergang der Stephens führte sie regelmäßig zum Trencom Hill, etwa dreieinhalb Meilen in südlicher Richtung gelegen; von der 550 Fuß hohen Erhebung bietet sich ein Blick über die Bucht von St. Ives auf der einen und über die von St. Michael's Mount auf der anderen Seite. Trotz der geringen Höhe war der Aufstieg beschwerlich, denn die Beine der Kinder wurden zerstochen und zerkratzt. Doch der Stechginster war gelb und duftete süß, wie nach Nüssen. Und dann gab es einen Märchenwald, voller riesiger Farne und Eichen, und von ihm blieb der Geruch von Eicheln und Galläpfeln in der Nase. Ferner ging man ins Halestownmoor, wo es gefährlich unter den Füßen gluckste und wo der Osmunda, der Königsfarn, und der seltene Frauenhaarfarn wuchsen.

Eine andere, größere Wanderung führt nach Zennor, etwa fünf Meilen westlich von St. Ives. Der Weg ist ein schmaler Küstenpfad, der immer wieder weite Blicke aufs Meer eröffnet. Zennor hat eine alte Kirche mit einem Fenster aus der Normannenzeit, einer Bank, deren Schnitzwerk an die rührende Legende von der Meerjungfrau erinnert, und einem Geläute, an dem regelmäßig die *bell-ringer* trainieren. Das Pub gegenüber hat als »Tinners Arms« schon die Zinnarbeiter der Gegend gestärkt und erfrischt nun die müden Wanderer. In der Nähe von Zennor machten Virginia Woolf und ihr Mann Leonard Ferien, auch hierhin gelockt durch die Berichte von Freunden. D. H. Lawrence wohnte mit seiner deutschen Frau während des Weltkrieges dort und wurde, verdächtigt als Spion und Saboteur, des Ortes verwiesen.

Die Woolfs wollen eigentlich hier arbeiten, doch die Versuchung sonniger Felsen an der Küste war zu groß. An einen Freund schreibt Virginia, wie schön es sei, zwischen gelbem, duftendem Stechginster in der Sonne zu liegen und aufs Meer zu schauen. Aber vielleicht, so schränkt sie ein, sei der Granit noch schöner. Beim Gang durch Zennor fällt ihr Blick auf den grauen Stein, halb durchscheinend, vor grünen Hügeln, durch die sich Granitstraßen schlängeln. Und es ist das Stechginstergelb vor Ozeanblau, es sind die Meerfenchelpolster auf grauen Felsen und die steilen Klippen, die sie in ihrem Urteil bestärken, dass Cornwall die schönste Gegend Englands sei.

Zwischen den abgezirkelten Beeten des Flower Walk in Kensington Gardens und den schmalen, stechginsterbewehrten Pfaden an der cornischen Küste liegen etwa fünfhundert Kilometer, aber nicht allein deshalb sind es für Virginia Stephen zwei weit voneinander entfernte Welten, die dennoch für sie eine vergleichbare Bedeutung haben. Sie öffnen dem Kind, dem jungen Mädchen die Freiheit in der Natur, die Erfahrung vom Aufgehobensein in Gärten, Parks und weiter Landschaft, und sie vermitteln über die Wahrnehmung einzelner Blumen und anderer Pflanzen existentielle Erfahrungen. In ihren Erinnerungen dankt Virginia – mit einem Anflug von Snobismus – ihren Eltern, weil sie ihr mit den Sommern in St. Ives den günstigsten Auftakt für ihr künftiges Leben ermöglicht hatten: »Als sie Talland House mieteten, haben mir mein Vater und meine Mutter jedenfalls etwas gegeben, was ich für ein unschätzbares Geschenk halte. Sich vorzustellen, ich könnte nur an Surrey oder Sussex oder die Isle of Wight denken, wenn ich an meine Kindheit zurückdenke!« (AUGENBLICKE, 149) Virginia Woolf ist froh, sich nicht an diese Landschaften erinnern zu müssen: Gegen Cornwall wären alle anderen Feriengegenden gewissermaßen nur zweitklassig gewesen. Sussex freilich wird später in ihrem Leben nicht nur ein Zuhause für die Ferien werden.

Talland House – der Garten heute

Der heutige Besucher von Talland House geht, auf der Suche nach den Überresten vergangener Zeit, wie damals hügelauf, lässt die Vorderfront des Hauses mit der Eingangstür, die von Blumen und Sträuchern auf beiden Seiten flankiert wird, rechts liegen und betritt neben der dortigen Terrasse den Garten, der freilich sehr viel kleiner geworden ist in den vergangenen Jahrzehnten. Aber noch immer zieht er sich vom Haus den Hang hinab mit berückendem weitem Blick auf das Meer und, klein im Hintergrund, auf den Godrevy Leuchtturm. Noch immer ist er eingefasst von hohen, Wind abweisenden Escalloniahecken mit ihrem dichten, dunkelgrün glänzenden Laub und an den beiden Längsseiten von Bäumen und großen Sträuchern: Palmen und Taxus, Zypressen und Thuja finden sich hier, eine Eiche dazwischen, links vorne ein riesiger Goldregenbaum.

Dieser große westliche Teil des Gartens ist in zwei Ebenen angelegt; eine quer verlaufende üppige Blumenrabatte, mit bequemem Durchlass, trennt den oberen vom tiefgrünen unteren Rasen. Hier unten steht eine weiße Sitzgruppe, die, an koloniale Zeiten erinnernd, die Feriengäste der Talland House

Apartments zu beschaulicher Rast einlädt und natürlich auch wieder den atemberaubenden Blick auf die Bucht von St. Ives und den Atlantischen Ozean bietet. Die Gartenfronten vor den Hecken und die zentrale Rabatte quellen über von Blumen und blühenden Sträuchern: Große weiße Knopfblumen wechseln mit blauem Storchenschnabel, Bornholmmargeriten in Pink und Weiß sind von Mohnblumen und rosa blühenden Rosenstöcken umgeben, dazwischen reckt eine große Dillstaude ihre mächtigen, doch zarten Zweige. Die kugeligen Dolden einer Gruppe großer violettblauer Schmucklilien ziehen den Blick auf sich, Fuchsienbüsche und andere Blütensträucher staffeln sich den Abhang hinunter.

Seitlich am Haus im oberen Teil des Grundstücks befindet sich eine weitere Terrasse, zu der hin sich die Türen der ebenerdigen Apartments öffnen. Steinerne Urnen stehen hier vor einer Bank mit Blumen. Orange und rot blühende Mombretien- und Fuchsiengruppen umgeben die Terrassen und folgen, von dekorativen hohen Farnbüscheln begleitet, dem Rasen hügelauf. Ein kleiner Wasserlauf, von Brombeersträuchern und weißer Hundsrose halb verdeckt, plätschert zwischen Ilex und Kirschlorbeer nach unten und entschwindet dem Blick an einer Wand von Kapuzinerkresse.

Dieser Garten, der in Virginia Woolfs Kindheitserinnerung eine so große Rolle spielte, der für die erwachsen gewordene Virginia immer noch prägend war und in dem sie hoffte, ihre Vergangenheit wohlbehalten wieder zu finden, dürfte, trotz der intensiven gärtnerischen Bemühungen ihrer Mutter Julia, heutzutage, wenn auch kleiner, so doch wesentlich üppiger und bunter sein, als er es damals war.

Gärten der Ehe
und des Schicksals
oder
Leonard Woolf übt sich auch als Gärtner

Wenn man auf die Burg von Lewes, dem Verwaltungssitz von Sussex, hinaufsteigt, kann man nicht nur dem Round House, das einmal kurze Zeit im Besitze der Woolfs war, in die Schornsteine sehen, man wird auch der Enge im Zentrum der Verwaltungshauptstadt von Sussex gewahr. Und einer solchen Enge – sei es in der Metropole, sei es in der Provinzstadt – wollte Virginia Woolf immer entkommen. Das Ziel ihrer Flucht war stets gleichartig: weites Land, sanfte Hügel und breite Küste. Und als es nicht mehr Cornwall sein konnte, wurde es Sussex; war Cornwall die Landschaft ihrer Kindheit und frühen Jugend, das Traumziel der viel zu kurzen Ferien, wurde Sussex die Landschaft ihres Erwachsenseins, ihrer Ehe, eines großen Teils ihres Lebens – und der Schauplatz ihres Sterbens.

Und es ist jene Landschaft, die in manchen ihrer Werke den zu ahnenden Hintergrund bildet, die aber auch explizit zum Thema gemacht wird. In dem kurzen Text ABEND ÜBER SUSSEX: BETRACHTUNGEN IN EINEM AUTOMOBIL, vermutlich 1927, kurz nach dem Erwerb eines kleinen Wagens geschrieben, der ihr Leben nachhaltig verändern sollte, vermittelt Virginia Woolf in einer Art Momentaufnahme *ihr* Bild von Sussex.

»Der Abend ist gütig zu Sussex, denn Sussex ist nicht mehr jung, und es ist dankbar für den Schleier des Abends, wie eine ältliche Frau froh ist, wenn ein Schirm über eine Lampe gestülpt wird und nur noch die Kontur ihres Gesichtes bleibt. Die Kontur von Sussex ist noch sehr schön. Die Klippen stehen, eine hinter der andern, ins Meer hinaus. Ganz Eastbourne, ganz Bexhill, ganz St. Leonards, ihre Promenaden und ihre Pensionen, ihre Perlenläden und ihre Süßwarenläden und ihre Plakate und Invaliden [...] sind alle ausgelöscht. Was bleibt, ist, was da war, als Wilhelm [der Eroberer] vor zehn Jahrhunderten aus Frankreich herüberkam: eine Reihe von Klippen, die ins Meer hinausläuft. Auch die Felder sind erlöst. Das Fleckchen roter Landhäuser an der Küste wird von einem dünnen, hellen See brauner Luft überspült, in dem sie und ihre Röte ertrinken. [...] Da saßen sie, während der Wagen dahinfuhr, und bemerkten alles: einen Heuschober; ein rostrotes Dach; einen Teich; einen alten Mann, der mit seinem Sack auf dem Rücken heimkam; da saßen sie und suchten für jede Farbe am Himmel und auf der Erde die passende aus ihrem Malkasten, bastelten kleine Modelle von Scheunen und Bauernhäusern in Sussex zusammen in dem roten Licht, das in der Januardämmerung ausreichte.« (DER TOD DES FALTERS, 13 f.)

Es ist nicht das touristisch überlaufene Sussex, dessen Badeorte die Vergnügungen für die Vielen präsentieren, die keinen Blick haben für die Schönheit der Landschaft, sondern höchstens für den Talmischmuck der Souvenirläden. Die beiden Reisenden im Automobil – vielleicht sind es Virginia und Leonard – entdecken das ländliche, das eigentliche Sussex für sich, wie denn in den zwanziger Jahren des letzten Jahrhunderts das ländliche England für viele Briten das eigentliche England war.

Der Erfolgsautor H. V. Morton findet es 1927 in seinem Buch IN SEARCH OF ENGLAND auf engen Dorfstraßen und beim Blick über Getreidefelder und Äcker, der kaum weniger erfolgreiche Thomas Burke sucht 1933 THE BEAUTY OF ENGLAND ebenfalls auf dem Lande. Sussex ist für ihn das »London Country«, das in den South Downs und den Blumen auf den Wiesen und in den Gärten seinen besonderen Reiz hat. Er empfiehlt die tägliche Wanderung auf die Hügel, dort könne man feststellen, dass Sussex trotz Bauunternehmer und Bungalows immer noch seinen pastoralen Charakter besitze.

Schon früh hatte Virginia Woolf ihren zweiten Wohnsitz in Sussex genommen und dort die Anfänge des ländlichen Bloomsbury begründet. Nach ihren schweren Nervenzusammenbrüchen empfahlen die Ärzte einen Rückzugsort in ruhiger Gegend, und Anfang 1911 bezog sie ein kleines Haus in Firle, das sie während ihres Weihnachtsaufenthaltes in den »Pelham Arms«, einem heute noch existierenden Gasthaus an der High Street in Lewes, entdeckt hatte. In nostalgischer Erinnerung nannte sie es Little Talland House, so als könne der Name die glücklichen Tage in Cornwall zurückrufen. Ein knappes Jahr später fand sie ein sehr viel schöneres Domizil in der Nähe von Itford, Asheham House, fast so weit vom River Ouse in östlicher Richtung entfernt wie Monk's House in westlicher. Asheham House war das Sommerhaus eines Gentleman, vermutlich Anfang des 19. Jahrhunderts gebaut, recht elegant und stilvoll. Man hatte einen wunderbaren Blick auf die South Downs, der einzige Nachteil des Anwesens war seine schattige Lage. Leonard und Virginia hätten wohl kaum das Haus aus eigenem Antrieb aufgegeben, doch der Besitzer kündigte ihnen wegen »Eigenbedarfs«.

57

Als nun eine Veränderung anstand, hätte Virginia Woolf vielleicht auf die Zinnen von Lewes Castle steigen sollen, um der – meistens ihr zufallenden – Aufgabe gerecht zu werden, ein Haus oder eine Wohnung zu suchen. Sie müsste weiter in den Süden schauen, Richtung Küste, und dabei den Blick an der Straße nach Newhaven entlangführen. Dann würden die Augen über die South Downs hinweggleiten, vielleicht die Ouse im Sonnenlicht blinken sehen und im Dunst der Ferne sogar das Meer bei Brighton oder Newhaven ahnen. Dort konnte man nicht mehr die Felsenküste des Atlantiks erleben, an der die Einsamkeit im Ginsterduft vorherrschte, sondern den breiten Kieselstrand vor Brighton, an dem die sonnenhungrigen Londoner dicht an dicht wie in einer Seehundkolonie lebten. Virginia Woolf wird denn auch später kaum über maritime Erlebnisse an der Kanalküste berichten. Vielleicht ist ihre Einschätzung in der kurzen Skizze DER BADEORT zu erkennen, in der sie ein wenig maliziös schreibt:»Wie alle Seebäder war es durchdrungen vom Geruch nach Fisch. Die Spielwarenläden waren voller Muscheln, lackiert, hart und doch zerbrechlich. Sogar die Einwohner hatten ein muscheliges Aussehen – ein frivoles Aussehen, als sei das echte Tier an der Spitze einer Nadel herausgezogen worden und nur die Schale geblieben. Die alten Männer auf der Promenade waren Muschelschalen. […] Um ein Uhr drängte sich diese zerbrechliche Schalen-Tier-Bevölkerung im Restaurant zusammen. Das Restaurant hatte einen fischigen Geruch, den Geruch einer Schmacke, die Netze voller Sprotten und Heringe eingeholt hatte.« (DAS MAL AN DER WAND, 358) Es darf als sicher angenommen werden, dass Virginia Woolf derartiges über ihr geliebtes St. Ives nicht geschrieben hätte.

Während die cornische Küste – etwas übertrieben formuliert – als nächsten Nachbarn Amerika hat und der Blick den Horizont im Bewusstsein großer Weite streift, wird während der Kriege mehr als deutlich, dass die Südküste sehr dicht am Kontinent liegt – Kanonendonner des Stellungskrieges in Nordfrankreich im Ersten und die Bomberpulks der Schlacht um England im Zweiten Weltkrieg lassen die beängstigende Nähe erkennen.

Inzwischen könnte Virginia Woolf von der Burg herabgekommen sein und die High Street von Lewes erreicht haben. Die Stadt ist die *county town* von East Sussex, Verwaltungssitz und wirtschaftlicher Mittelpunkt, und man ist stolz auf eine geschichtsträchtige Vergangenheit, die hier – wie fast überall in Südengland – mit Wilhelm dem Eroberer beginnt; die Burgruine legt davon Zeugnis ab. Ein Gang durch das heutige Lewes, durch die schmalen, teilweise steilen Straßen mit alten Fachwerkhäusern im Tudorstil lässt ahnen, warum die Stadt gern als Kulisse für Filme genutzt wird, die in lange vergangener Zeit spielen.

In der High Street »pulsiert« heute wie damals das Leben – zumindest an kleinstädtischen Normen gemessen. Geschäfte, Pubs, Banken, Restaurants und zwei Hotels, eines an jedem Ende der Straße, reihen sich aneinander. Im Leben der Woolfs hatte das White Hart Hotel – mitten in der Stadt gelegen – eine besondere Bedeutung. Ausflüge nach Lewes wurden zuweilen durch einen Lunch im Hotelrestaurant gekrönt, denn für Leonards Geschmack waren die Kreationen der Hotelküche der Inbegriff opulenter Kulinarik – eine Einschätzung, die schon allein deshalb verwundert, weil er immerhin verschiedene Küchen des Kontinents kennen gelernt hatte, von denen die provençalische in dem oft besuchten Küstenort Cassis sicherlich mühelos mit den Hervorbringungen des White Hart konkurrieren konnte. Virginia Woolf im Übrigen revidierte auf einer Frankreichreise Leonards Urteil sehr trocken, als sie einen Lunch in Chinon mit den Worten rühmte:»Kein Vergleich mit dem White Hart in Lewes.« Und der heutige, kontinentale Gast des Hotels muss Leonard Woolfs Urteil – nach intensiveren Kostproben aus der Küche – noch sehr viel stärker relativieren.

Eine weitaus größere Bedeutung aber hatte das White Hart Hotel für den Erwerb von Monk's House, dem ländlichen Refugium der Woolfs in Rodmell. Ende Juni 1919, als die Woolfs sich Virginias kurz zuvor getätigte Erwerbung, das Round House ansehen wollten, lasen sie einen Anschlag am Auktionshaus, der eine Versteigerung annoncierte, bei der auch Monk's House angeboten wurde. In ihrem Tagebuch zitiert Virginia Woolf unter dem Datum vom 3. Juli 1919 den Plakattext:»Grundstück 1, Monks House, Rodmell. Ein altmodisches Haus inmitten von dreiviertel Acre Land bezugsbereit zu verkaufen.«

Die Versteigerung sollte in einem großen Raum im ersten Stock des White Hart erfolgen, in dem heute noch Verkaufsausstellungen stattfinden. Virginia Woolf beschreibt die kurze Zeit der Versteigerung als Augenblicke voll gespannter Erwartung, gerade so, als solle man bald das Ergebnis einer Operation erfahren. Nach etwa fünf Minuten war bereits alles vorüber, und für £700 waren Virginia und Leonard Woolf glückliche, aber auch skeptische Besitzer eines Hauses auf dem Lande (nicht etwa eines Landhauses), das seinem Bau nach eine nur schwer zu definierende Qualität besaß. Es mochte als Cottage durchgehen, als frühere Unterkunft von Landarbeitern, vielleicht konnte man es sogar als sehr kleines Bauernhaus bezeichnen, denn immerhin stand es auf einem recht großen Grundstück, das Leonard später durch Zukauf erweiterte. Und es wirkte noch ausgedehnter, weil es einen ungehinderten Ausblick bot auf die benachbarten Wiesen und Weiden und in die Ferne, auf die moderaten Höhenzüge der South Downs. Für Ruhebedürftige lag das Anwesen fast ideal: am Rande des Dorfes, nur wenige Häuser in der Nähe, neben Kirche und Kirchhof. Da die Kirche aber – wie es sich nun mal gehört – über Glocken verfügte, die zu bestimmten Zeiten läuteten, fühlte sich Virginia Woolf gelegentlich in der ländlichen Beschaulichkeit gestört; auch der Lärm der Schulkinder in der nahen Primary School belästigte sie zuweilen.

Aber dieses Grundstück, das teilweise als Garten angelegt war, beeinflusste wesentlich die Entscheidung der Woolfs, für Monk's House zu bieten. In ihrem Tagebuch beschreibt Virginia Woolf den ersten Eindruck, den sie bei einer Besichtigung vom Haus und vom Garten erhielt. Das Haus: zu kleine Zimmer, schlechter Zustand der Küche, kein heißes Wasser, kein Badezimmer. Aber der Garten! Die Einwände gegen das Haus mussten, so Virginia Woolf, schließlich einem tiefen Wohlgefallen an der Größe, der Form, der Fruchtbarkeit und der Wildheit des Gartens weichen.

»Es schien unendliche Mengen von Obstbäumen zu geben; die Pflaumen wuchsen so dicht, daß ihr Gewicht die Zweigspitzen niederdrückte; unerwartete Blumensprossen zwischen den Kohlköpfen. Da gab es gepflegte Reihen von Erbsen, Artischocken, Kartoffeln; Himbeerbüsche trugen kleine blasse Fruchtpyramiden; & ich stellte mir einen Spaziergang durch den Obstgarten unter den Apfelbäumen sehr angenehm vor, mit dem grauen Blitzableiter des Kirchturms vor Augen, der mir meine Grenze anzeigte.« (Tagebuch, 3. Juli 1919)

Einen Tag später inspizierten Virginia und Leonard gemeinsam Haus und Grundstück. Leonard gefiel es sehr, und Virginia stellte mit leicht besorgtem Unterton fest, dass er wahrlich die Veranlagung zu einem fanatischen Liebhaber dieses Gartens habe – eine Formulierung, die spätere Konflikte ahnen lässt. In ihrem Tagebuch setzt sie sich immer wieder mit dem neuen Wohnsitz und den mit ihm verbundenen neuen Erfahrungen auseinander, und der Leser erhält eine Ahnung von den Schwierigkeiten, mit denen die Woolfs zu kämpfen hatten:

»Monks House beschreiben hieße fast literarisch schreiben, was ich jetzt nicht tun kann; weil wir diese Nacht nur mit Unterbrechungen geschlafen haben & um 4 Uhr früh eine Maus aus L's Bett vertrieben haben. Die ganze Nacht über raschelten & schlichen die Mäuse herum. Dann kam ein Sturm auf. Der Fensterhaken kaputt. Der arme L. zum fünften Male auf, um das Fenster mit einer Zahnbürste zu verkeilen. Ich sage also nicht, was wir in Monks alles vorhaben; obwohl ich den Blick über die Wiesen nach Caburn jetzt vor mir sehe; & die blühenden Hyazinthen & den Obstgartenweg.« (Tagebuch, 10. April 1920) Trotz aller Vorbehalte überwiegt bei Virginia Woolf ersichtlich die Freude über den neuen Besitz, und sie hofft, auf ihren Briefen möglichst lange »Monk's House, Rodmell« als Absender schreiben zu können.

In Rodmell, in Monk's House, veränderte sich für Virginia Woolf das Erleben von Natur, es erhielt eine andere, neue Dimension. War Kensington Gardens ein notwendiger Fluchtpunkt, der – als Teil eines Pflichtprogramms – nahezu täglich aufgesucht wurde, war St. Ives der Höhepunkt des Sommers, lange erwartet und viel zu kurz, so wurde Monk's House zur Selbstverständlichkeit eines zweiten Wohnsitzes, der umfassende Teilhabe an den Veränderungen in der Natur ermöglichte. Frühling, das waren nicht mehr nur ein paar Krokusse auf dem Rasen der Squares in Bloomsbury oder die gelben Büschel der Narzissen im St. James's Park – Frühling war nun der satte, feuchte Geruch der frisch umgegrabenen Erde, die Knospen vieler Blumen, die beginnende Baumblüte und der zarte Grünschimmer auf den Downs. »Dann ab zum Monks Haus – & an dieser Stelle muß ich breit & strahlend über den FRÜHLING schreiben. Er ist gekommen. [...] Noch nie hat ein Winter auf diese Art geschlafen – so wie ein Säugling, der am Daumen lutscht. Die Narzissen sind heraus; der Garten von dicken goldenen Krokussen übersät; die Schneeglöckchen fast verblüht; die Birnbäume voller Knospen; Vogelgesang; [...].« (Tagebuch, 3. März 1920) Und geradezu euphorisch äußert sich Virginia im Mai 1920, nachdem sie und Leonard einige Tage in Rodmell verbracht hatten: »Seit einer Stunde von Monks House zurück, es war unser erstes Wochenende dort – das idealste, wollte ich gerade sagen, aber wie kann ich wissen, was für Wochenenden wir dort noch verbringen werden? Die erste ungetrübte Freude am Garten, meine ich. Draußen sehr windig; drinnen sonnig & geschützt; & den ganzen Tag Unkraut gejätet & die Beete fertig gemacht, in einer eigentümlichen Art von Begeisterung, die mich dazu brachte zu sagen, das ist Glück. [...] Beide sind wir heute steif & überall zerkratzt; mit schokoladenbrauner Erde unter den Nägeln.«

Doch diese neuen Erfahrungen waren mit nicht geringen Einbußen an Komfort und Bequemlichkeit erkauft, die aber wohl für die Woolfs eine nur unbedeutende Rolle spielten. Die

Küche zum Beispiel war dunkel, klein und unzureichend ausgestattet, und bei nasser Witterung stand sie unter Wasser. Auch sonst fehlte vieles in wichtigen Bereichen: Es gab kein Bad, kein WC, zur Erledigung dringender Bedürfnisse musste man sich in die freie Natur begeben, sofern man nicht einem »Erdcloset« den Vorzug gab. Daher wurde jede Veränderung im Haus, auch wenn sie nur langsam vonstatten ging, von Virginia begrüßt; sie schreibt, dass »Monks« immer besser werde in der Art einer Promenadenmischung, die sich einem ins Herz schleiche.

Die Genügsamkeit der Woolfs war nicht allen ihren Freunden zu eigen. Von Lytton Strachey wird berichtet, dass er Monk's House nicht etwa deshalb als Übernachtungsgelegenheit mied, weil er sich durch ein negatives Urteil des Kritikerpaares beleidigt fühlte, sondern weil es in dem Haus kein Bad gab, keinen Wein und kein gutes Essen. Im Laufe der Zeit jedoch – und dank einiger dienstbarer Geister, die den Woolfs als Aufwartefrau und Köchin im Haushalt halfen –, wurden die kulinarischen Angebote etwas attraktiver. Das lag nicht nur an Virginias hoch gelobten Qualitäten als Brotbäckerin, die sie sehr häufig unter Beweis stellte, nicht nur an dem reichhaltigen Sortiment an landwirtschaftlichen Produkten, die aus dem Dorf oder aus Lewes beschafft wurden, sondern vor allem an der zunehmend besseren technischen Ausstattung der Küche. Mit wachsenden Einnahmen des Schriftstellerpaares wuchs auch der neuzeitliche Komfort des Hauses, so dass jede Erweiterung und Verbesserung einen direkten Bezug hatte zu einer neuen und – fast immer – erfolgreichen Publikation.

Die besondere Attraktion der neu erworbenen Immobilie aber war der Garten, der nicht nur den Hobbygärtner Leonard, sondern auch Virginia Woolf zunehmend faszinierte. Im September 1919 notiert sie in ihrem Tagebuch, dass sie beide, um der ungeheuren Anziehungskraft des Gartens etwas entgegenzusetzen, zwei Spaziergänge in der Woche fest eingeplant haben – jeweils sonntags und mittwochs. Und im selben Monat vermerkt sie:

»Ich hätte eine Menge über den Garten zu sagen gehabt, nur ist die Verlockung, dort zu sein, anstatt ihn von innen zu beschreiben, zu groß, selbst für meine gefestigten Gewohnheiten. Das Grün der Grasnarbe mit den Büscheln purpurfarbener japanischer Anemonen ist mir immer vor Augen. Wir haben winzige Samenkörner in das Vorderbeet gesät, im frommen oder religiösen Glauben, daß sie im nächsten Frühjahr auferstehen werden als Clarkia, Pantoffelblume, Glockenblume, Rittersporn & Skabiose. Sollten sie das tun, werde ich sie nicht erkennen; wir pflanzen auf gut Glück, beflügelt von der Sprache der Samenhändler: wie hoch sie wachsen werden & leuchtend blaue Blütenblätter tragen. Dann ist da das Jäten. Daraus wird sehr bald, wie bei jeder Beschäftigung, ein Spiel. Damit meine ich [...], daß man den Unkräutern bestimmte Eigenschaften zuschreibt. Das Schlimmste ist das feine Gras, das gewissenhaft herausgesiebt werden muß. Ich liebe es, dicke Löwenzahnpflanzen & Kreuzkraut mit der Wurzel auszureißen. Dann wird zum Tee geläutet, & obwohl ich sitze & über meine Zigarette grüble, rennt L. hinaus wie ein Kind, das vom Tisch aufstehen & davonlaufen darf.« (Tagebuch, 28. September 1919)

Die ackernde Virginia, die ihre Befriedigung aus dem erfolgreichen Kampf mit den widerborstigen Löwenzahnwurzeln zieht, ist eine recht seltene Erscheinung, und bei der Lektüre ihrer Notizen kann man sich unschwer vorstellen, dass ihr eher spielerischer Umgang mit Kraut und Unkraut dem gewissenhaften Leonard ein Dorn im Auge war – und den hält ein Gärtner möglichst fern. Da das große Grundstück in der Tradition eines Cottage-Gartens angelegt, aber etwas vernachlässigt war, verlangte es eine intensive und durchdachte Arbeit, bei der etliches neu gestaltet werden musste.

Der Cottage-Garten, so wie er sich im Laufe der Jahrhunderte entwickelt hat, zeichnet sich durch eine üppige und dennoch wohl geordnete Zwanglosigkeit aus. Er ist ein Produkt rationaler Überlegungen, die Nützliches für den Magen mit Erfreulichem für die Seele verbinden. Ein gut gestalteter Cottage-Garten erweckt den Eindruck, als sei vieles dem Zufall und als seien die Pflanzen sich selbst überlassen. Doch da der eigentliche Garten, dessen Hauptaufgabe die Versorgung der zumeist armen Bewohner des kleinen Anwesens war, mehrere Bereiche umfasste, war eine gewisse Ordnung notwendig. Solange die Gemüse- und Obsternte im Mittelpunkt stand, war der größte Teil des Gartens in Kohl-, Bohnen-, Möhren- und Kartoffelbeete gegliedert, ein weiterer mit Apfel- und Birnbäumen besetzt. Blumen waren nachrangig; sie fassten die Beete ein, schmückten den Vorgarten und fanden überall dort Platz, wo das Gemüse ihnen Raum ließ. Vor allem sorgten sie für die Farbenpracht, für die lebensvolle Buntheit, die der Ästhetik immer wieder den Triumph über die Pragmatik zu verschaffen schien. Für die eigentlichen Cottage-Gärten aber gilt die Dominanz des Ertrages. Und unter diesem Aspekt war auch teilweise die Auswahl der Blumen zu sehen, wie ein englischer Gartenfachmann schreibt. Ihre Anpflanzung diente häufig einer bestimmten Absicht; so wurden Lavendel, Salbei, Melisse, Nelken oder Fingerhut für medizinische Zwecke genutzt, oder sie sollten – da häufig auch Bienenstöcke zur Ausstattung des Areals gehörten – die Grundlage für eine Honigproduktion bilden.

In dem Maße aber, wie es für Stadtbewohner in Mode kam, zumindest am Wochenende in einem Cottage zu wohnen und die pastorale Idylle zu genießen, änderten sich die Prioritäten in der Bepflanzung. Dazu trug auch die Tatsache bei, dass Ende des 19. Jahrhunderts der »Viktorianische Garten« mit seinen abgezirkelten Beeten, den in disziplinierter farblicher Übersichtlichkeit wie auf einem Teppich angeordneten Blumen und der strikten Stilisierung als Vorbild an Bedeutung verlor. Stattdessen entwickelte sich eine Art »Cottage-Kult« als Inbegriff genuin englischer Lebensart, die sich auf dem Land verwirklichte oder zumindest Ländliches im heimischen Garten zu reproduzieren suchte. Zu diesem Kult gehörte auch die neu entdeckte Wertschätzung der ungeordneten Natur, die weniger in artifiziellen und stärker in (scheinbar) zwanglosen Gärten ihren Ausdruck fand. Besonders die berühmte Gartenarchitektin Gertrude Jekyll, deren Bücher noch heute aufgelegt und gelesen werden, beeinflusste die Gestaltung zahlreicher Gärten; dies gilt vor allem für ihre Farbenlehre, die den Blick für die Zusammenstellung der Blumen schärfen wollte.

Bedauerlicherweise gehört der kreative Gartenbau zu jenen Künsten – und als Kunst muss man ihn bezeichnen –, die transitorisch sind. So wird sich kaum ein Garten finden lassen, der noch im Detail dem Entwurf entspricht, nach dem man ihn vor Jahren geschaffen hat, da es entweder die Menschen oder die Natur oder beide sind, die ihn verändern. Deshalb hat auch der heutige Garten von Monk's House nur noch teilweise Ähnlichkeit mit der Anlage, wie sie im Laufe der Zeit vor allem von Leonard Woolf entwickelt wurde. Nun war Leonard, trotz seines beträchtlichen gärtnerischen Engagements, nicht unbedingt ein Gartendesigner in der Tradition von Jekyll und anderen, obwohl er vielleicht einen gewissen Ehrgeiz in dieser Richtung zu erkennen gab. Nigel Nicolson, der Sohn von Vita Sackville-West, berichtet in seiner Virginia-Woolf-Biographie, dass Leonard den Garten in zu großem Maßstab geplant habe, mit Teichen, Urnen und Statuen. Als Virginia ihre Freundin Vita Sackville-West, die Mutter von Nicolson, um deren Expertenmeinung gebeten habe, habe diese nur trocken festgestellt: Man könne nicht Versailles neu erschaffen auf einem *quarteracre* in Sussex.

Wenn es denn überhaupt Versailles hätte sein müssen, dann wäre es als ein spätbarockes Obst- und Gemüseparadies zu denken – doch dem steht natürlich die Nüchternheit der südenglischen Downs entgegen. Vermutlich tut man aber dem Sozialisten Leonard Woolf Unrecht, wenn man ihm derart royale Ambitionen unterstellt. Allerdings war für ihn der Garten von großer Wichtigkeit. Sehr viel später, nach dem Tode Virginias, gehörten zu den zahlreichen Gesellschaften und Vereinigungen, in denen er Mitglied war, auch die Royal Horticultural Society, die National Cactus and Succulent Society sowie die Sussex Beekeepers Association, und einmal im Jahr öffnete er seinen Garten interessierten Besuchern.

Im Übrigen konzediert Vita Sackville-West in einem Brief an Virginia vom 13. November 1937 Leonard gärtnerische Qualitäten: »Denkst Du jemals an mich? Wenn Du es tust, stelle Dir bitte ein Sissinghurst vor, sehr matschig, wo ein geschäftiges Leben stattfindet, zum Beispiel Gärtnern (frag Leonard, der Gärtner ist, und er wird Dir sagen, daß alle Gärtner zu dieser Jahreszeit eine Orgie des Pflanzens und Umpflanzens feiern.

Vielleicht hast Du gesehen, wie er und Percy [der Gärtner]
damit beschäftigt waren).«

Besonders am Herzen aber lag Leonard Woolf die nützliche
Seite ländlicher Fruchtbarkeit. Nicht nur, dass er mit der Ernte
den eigenen Haushalt und den der Verwandten versorgte, er
konnte auch durch den Verkauf von Gemüse und Obst zunehmend das Budget aufbessern. Und das war bei der angespann-
ten Wirtschaftslage des Literatenhaushaltes auch dringend notwendig! Obwohl Virginia in ihren umfangreichen Tagebüchern
und den zahllosen Briefen in der Regel recht zurückhaltend
über gravierende Meinungsverschiedenheiten mit ihrem Mann
berichtet, gibt es doch ein Thema, bei dem massive Differenzen
auftauchen: die finanziellen Aufwendungen für den Garten.
Am 28. September 1926 vermerkt sie irritiert in ihrem Tagebuch, dass Leonard den momentan schlechten Zustand ihrer
Beziehung beklagt, den sie auf eine gewisse Gereiztheit ihrerseits zurückführt. Und diese hat ihren Grund – wie in vielen
Ehen – in finanziellen Problemen; sie ist nicht begeistert »von
seiner Idee, daß wir es uns leisten könnten, uns einen Vollzeit-
gärtner aufzuladen, ihm ein Cottage zu bauen oder zu kaufen,
& das terrassierte Stück Land dem Garten anzufügen. Dann,
sagte ich, legen wir uns darauf fest, hierherzukommen; werden
nie reisen; & es wird vorausgesetzt, daß Monks House der
Nabel der Welt ist. [...] auch möchte ich nicht einen so großen
Teil unseres Geldes für Gärten ausgeben, wenn wir keine Teppiche, Betten oder anständige Sessel kaufen können. L. fühlte
sich dadurch verletzt, glaube ich, & ich fand es verdrießlich, das
zu sagen, tat es aber, nicht im Ärger, sondern im Interesse der
Freiheit. Zu viele Frauen geben an diesem Punkt nach, & entwickeln im Geheimen einen stillen Groll wegen ihrer Selbst-

losigkeit – eine üble Atmosphäre.« Natürlich stellen sie später einen Gärtner ein – im Interesse der unabdingbaren Freiheit, Zeit zu haben für ihre eigentliche Tätigkeit des Schreibens und um den Garten nicht sich selbst und den Unbilden der Jahreszeiten überlassen zu müssen.

Für ihre Ehe spielte der Garten sicher eine besondere Rolle, indem er unter anderem eine enge, tägliche Gemeinschaft bewirkte, wie sie in der Hektik des Londoner Lebens nicht immer möglich war – eine Gemeinschaft im Übrigen, die sich im Unkrautjäten wie beim Äpfelpflücken, bei Gespräch und Spielen im Grünen konkretisierte. Würde man aber den Versuch unternehmen, aus dem Tagebucheintrag von Virginia Woolf eine konzise Aussage über ihre Ehe herauszulesen, wäre das nicht unproblematisch – nicht allein deshalb, weil Außenstehende fast immer nur einzelne Elemente ehelicher Komplexität erfassen können, sondern vor allem, weil gerade die Woolf'sche Ehe beinahe so viele unterschiedliche Beschreibungen erfahren hat, wie es Menschen gab, die sich dazu äußerten. Falls man meint, eine Ehe sei am besten von ihrem Ende her zu verstehen, dann sollte man sich auf den Abschiedsbrief (genauer: die beiden Abschiedsbriefe) beziehen, die Virginia Woolf ihrem Mann hinterließ, als sie sich 1941 in der Ouse ertränkte:

»Liebster, Ich fühle deutlich, daß ich wieder verrückt werde. Ich glaube, wir ertragen eine so schreckliche Zeit nicht noch einmal. [...] Du hast mir das größtmögliche Glück geschenkt: Du bist mir alles gewesen, was jemand für einen Menschen sein kann. Ich glaube nicht, daß zwei Menschen glücklicher hätten sein können, bis diese schreckliche Krankheit kam. [...] Was ich sagen möchte, ist, daß ich alles Glück in meinem Leben Dir verdanke. Du hast unendliche Geduld mit mir gehabt & bist unglaublich gut zu mir gewesen. Das möchte ich sagen – jeder weiß es.«

Jeder wusste es – und auch wieder nicht. Virginia und Leonard hatten 1912 geheiratet: der in der Verwaltung einer Provinz Ceylons erprobte Cambridge-Absolvent, sehr verliebt in die jüngere Stephen-Tochter, und die am Anfang einer ungewissen Karriere stehende Schriftstellerin, die ihrem zukünftigen Ehemann nach langer Überlegung die Heirat, aber kaum eheliche Leidenschaft versprach. Bald nach der Hochzeit wurde Virginia wieder krank; ein schwerer Nervenzusammenbruch mit Selbstmordversuchen machte eine lange Kur notwendig, und die Ratschläge der zahlreich konsultierten Ärzte ließen den jungen Ehemann einen strengen Lebensplan aufstellen, der Schlafenszeiten, Essensmengen, gesellschaftliche Verpflichtungen und Verzicht auf Kinder gleichermaßen betraf. Diese strikte Fürsorge wurden ihm von manchen Verwandten und Freunden als Kontrolle ausgelegt, als penible eheliche Machtausübung, ohne dabei aber zu bedenken, dass Virginia durchaus in eigenem Interesse derartige Vorgaben brauchte. Andererseits fühlte sie sich wiederum von Leonard bevormundet und in ihren Lebensäußerungen eingeengt, vor allem deshalb, weil er bemüht war, jegliche Aufregung und Überreizung von ihr fern zu halten – und das bedeutete häufig den Verzicht auf Einladungen und vor allem für längere Zeit den Verzicht auf eine Wohnung in London, das heißt in Bloomsbury.

Sicher war Leonard Woolf gewissenhaft, nicht selten auch pedantisch, was die Arbeit und das Zusammenleben mit ihm bestimmt nicht leicht machte. Aber er war vor allem voller Fürsorge und Ermutigung für seine Frau, mit der zusammenzuleben auch nicht immer einfach gewesen sein dürfte. Er war ihr erster Leser, und sein – manchmal wider besseres Wissen – positives Urteil gab ihr Bestätigung und jene Sicherheit, die ihre Nerven vor neuen Katastrophen bewahrte. Sie waren selten voneinander getrennt, und wenn vor allem Leonard unterwegs war – meistens auf politischen Exkursionen für die Labour Party –, schrieben sie sich zärtliche Briefe, in denen Kosenamen die Entfernung überbrücken sollten. Zwar spielte die Sexualität nach den Erfahrungen der ersten Ehemonate und dem medizinisch angeratenen Verzicht auf Kinder keine Rolle mehr, aber – so schreibt Hermione Lee, die Verfasserin der differenziertesten und subtilsten Woolf-Biographie – dies war keine unerotische Ehe, sondern sie lebte von liebevoller Zuwendung und Zärtlichkeit.

Virginia und Leonard Woolf bewohnten während ihres gemeinsamen Lebens etliche Wohnungen und Häuser, von denen einige nicht mehr existieren – die Gebäude am Tavistock Square und Mecklenburgh Square in London fielen Bomben zum Opfer – und andere für die Öffentlichkeit verschlossen sind; allein zu Monk's House ist der Zugang noch möglich. Doch diese Exklusivität allein ist es nicht, die das Interesse an dem Anwesen in Rodmell lebendig erhält. Nirgendwo sonst können die Leser ihrer Werke das Gefühl haben, geduldete, wenn auch indiskrete Einblicke in das Leben des Ehepaares zu nehmen, nirgendwo sonst ist zumindest beider Geist auf geradezu unheimliche Weise präsent. Und da für die lesende Nachwelt das Leben und die Ehe von Virginia Woolf mitunter interessanter waren als ihr literarisches Werk, erstaunt es nicht, dass jedes Jahr von Anfang April bis Ende Oktober erwartungsvolle Besucher in großer Zahl vor dem Holztor von Monk's House stehen, um Haus und Garten zu besichtigen. Eine solche Besich-

oben:
Virginia Woolf im Garten von Monk's House

vorhergehende Seite:
Schreibhütte von Virginia Woolf
in Monk's House

*Virginia Woolf mit den
Psychoanalytikern Alix und James Strachey
im Garten von Monk's House*

Die Büsten von
Virginia und Leonard Woolf
im Garten von Monk's House

Der üppig wuchernde,
farbenprächtige Garten von Monk's House,
im Hintergrund rechts das Wohnhaus von
Virginia und Leonard Woolf

JULIA PRINSEP STEPHEN
7th FEBRUARY 1846
5th MAY 1895
SIR LESLIE STEPHEN
28th NOVEMBER 1832
22nd FEBRUARY 1904
ALSO
JULIAN THOBY STEPHEN
8th SEPTEMBER 1880
20th NOVEMBER 1906

oben:
Friedhof von Rodmell

unten:
Grabstein der Familie Stephen in Highgate

Grabskulptur auf dem Friedhof von Highgate
im Norden Londons

Getreidefeld in den South Downs,
dem sich südlich der Themse
weithin erstreckenden Hügelland

tigung ist nur zweimal in der Woche, jeweils am Mittwoch- und Samstagnachmittag möglich, und bei der Enge und dem Erhaltungszustand des Hauses ist diese Einschränkung des National Trust, dem das Anwesen jetzt gehört, durchaus verständlich. Den Touristen steht nur das Erdgeschoss offen; die erste Etage mit dem Arbeitszimmer von Leonard ist treu sorgenden Mietern überlassen, die sich auch in vorbildlicher Weise um den Garten kümmern.

In der Zeitung »The Guardian« findet sich in einer Ausgabe vom Juni 2000 ein Artikel, der die Suche des National Trust nach Mietern für Monk's House beschreibt. Die Interessenten müssen einen Mietzins von £850 im Monat akzeptieren, £150 mehr, als die Woolfs seinerzeit als Kaufpreis erlegten. Der ideale Mieter sollte ein literarisch interessierter Gartenliebhaber sein, möglichst mit einem »grünen Finger« und außerdem *extremely sociable*, da an den Besichtigungstagen mit bis zu 250 Besuchern zu rechnen ist und auch im Winter ein nahezu ununterbrochener Strom von »Literatur-Pilgern« durch die Fenster späht. Dabei sehen diese vor allem in das zwar niedrige und recht dunkle, aber durch hellgrüne Wände – hellgrün war die Lieblingsfarbe von Virginia – freundlich wirkende Wohnzimmer, in dem Bilder von Vanessa Bell und Duncan Grant auf das benachbarte Charleston verweisen. In ihrem Tagebuch nennt Virginia Woolf »unser großes kombiniertes Wohn- und Eßzimmer mit seinen 5 Fenstern, den Balken in der Mitte, & den Blumen & Blättern, die von überall hereinnicken«, einen absoluten Triumph. (9. Juni 1926)

Das Esszimmer wiederum erinnert mit den von Vanessa bemalten Stühlen an die Künstlergemeinschaft Omega, mit der Roger Fry das kunsthandwerklich orientierte Bloomsbury etablieren wollte. In einer Ecke steht ein Schirmständer, in dem mehrere Spazierstöcke auf den Wanderer warten – genauso wie die darüber am Garderobenhaken hängenden Mäntel. Während diese Räume auch früher schon Besuchern offen standen, fühlt man sich beim Betreten des Schlafzimmers von Virginia Woolf, das seitlich ans Haus angebaut wurde, als Eindringling, den nur die literarische Neugier Gefühle der Peinlichkeit negieren lässt. Es ist ein fast spartanischer, heller Raum, dem Bücherregale und Bilder eine wohnliche Note verleihen und von dem aus man einen direkten Blick in den Garten hat. Als auf den angrenzenden Wiesen noch die Kühe eines Bauern aus dem Dorf weideten, kam hin und wieder ein Tier bis ans Fenster und schaute herein.

Bereits vor der Errichtung des Anbaus schien das unmittelbare Erleben der Natur zuweilen eine direkte dichterische Assoziation zu bewirken. Virginia Woolf in ihrem Tagebuch: »Eine schändliche Tatsache – ich schreibe dies um 10 Uhr morgens im Bett im kleinen Zimmer, das auf den Garten hinausgeht, die Sonne strahlt ununterbrochen, die Weinblätter ein transparentes Grün, & die Blätter am Apfelbaum derart funkelnd, daß ich, während ich frühstückte, mir eine kleine Geschichte ausdachte von einem Mann, der ein Gedicht schrieb, glaube ich, in dem er das alles mit Diamanten verglich, & die Spinnweben (die erstaunlich aufblitzen & verschwinden) mit irgend etwas anderem [...].« (14. September 1925)

Ebenso wie Virginias Schlafzimmer war auch ihr Arbeitsraum vom Haupthaus geschieden. Und weit mehr noch als während des Schlafens war sie während des Arbeitens in den Garten, in die Natur integriert. Ihre *writing lodge* lag dem Haus in größerer Entfernung schräg gegenüber, und wenn sie am Schreibtisch saß – und das tat sie nahezu täglich –, konnte sie durch das Fenster nicht nur den Garten, sondern auch mit weitem Blick die South Downs erfassen.

Virginia Woolf war außerordentlich fleißig; sie hatte ein festes Schreibpensum, das jeden Tag zu erfüllen war, und »Auszeiten« gab es nur bei Krankheit oder während des jährlichen Urlaubs. Rodmell war also weniger ein Wochenend- und Ferienrefugium, vielmehr bedeutete die Fahrt von Richmond, später von London nur eine Verlagerung des Arbeitsplatzes. Während aber die Metropole in fast allen ihren Romanen als Thema, Hintergrund, Motiv oder auch nur als assoziatives Beiwerk eine Rolle spielt, scheint das ländliche Rodmell von weit geringerer Bedeutung für ihr Werk zu sein. Während in dem Roman Zum Leuchtturm Mrs Ramsay, also – unter Vorbehalt – Julia Stephen, als passionierte Gärtnerin im cornischen Anwesen abgebildet wird, tritt der passionierte Gärtner Leonard im Sussex-Grün nicht in Erscheinung. Während Londoner Parks oder Gärten in Cornwall in umfangreichen Texten vorkommen, bleibt für Rodmell, bleibt für den Garten von Monk's House im Wesentlichen nur die kleine Form. Sicher mag dabei die Selbstverständlichkeit alltäglicher Erfahrung eine Rolle spielen: Der Ehemann, der verschmutzt von mühseliger Gartenarbeit ins Haus kommt, ist vielleicht Gegenstand des Mitleids, manchmal sogar der ironischen Bewunderung ob seines »Heroismus«, sich selbst bei schlechtem Wetter draußen abzumühen – dichterische »Erhöhung« aber wie der verstorbenen Mutter wird ihm nicht zuteil. Die Gärten der Jugend werden aus der Distanz idealisiert und gewissermaßen mit sehnsuchtsvoller Nostalgie verklärt; der Garten der Ehe ist der Ort mehr oder minder glücklichen Alltags.

Zu diesem Alltag gehört die Vielzahl an Besuchern, die eingeladen oder auch spontan vorbeikamen, die mit den Woolfs das Wochenende verbrachten, im Garten saßen, sobald die Witterung es zuließ, diskutierten, polemisierten, klatschten und Bowls spielten. Nach dem Zeugnis von Angelica Garnett, der Tochter von Vanessa Bell, waren die Woolfs leidenschaftliche Spieler dieses speziellen englischen Spiels, für das eine besondere Rasenfläche im Garten reserviert war. Wenn keine Gäste da waren, spielte das Ehepaar auch allein, und Leonard, der nahezu alles aufzeichnete, was sich in Zahlen und Statistiken erfassen ließ, notierte auch über mehrere Jahre die Bilanz der Spiele – er gewann immer überlegen. Allerdings war der Rasen schwierig zu bespielen; statt der erforderlichen glatten Fläche wies er Löcher und Unebenheiten auf.

Das ist umso problematischer, als das englische Lawn Bowls mit einseitig beschwerten oder abgeflachten Kugeln gespielt wird. Die Regeln sind denen des französischen Boule nicht unähnlich: Große Kugeln (*bowls*) sind möglichst nahe an eine kleine (*jack*) heranzuwerfen, wobei häufig die Kugeln des Gegners weggeschossen werden. Dieses Spiel, das schon von den Römern, wenn nicht gar von den Ägyptern gespielt wurde, konnte bereits im 13. Jahrhundert die Britischen Inseln erobern – der Southampton Old Bowling Green Club wurde 1299 gegründet und ist immer noch aktiv. Im 14. Jahrhundert wurde es in England für den einfachen Mann verboten, da es das für die Verteidigung wichtige Bogenschießen in der Vorliebe der Bürger abgelöst hatte. Selbst in die Geschichte der berühmten Seeschlachten ist dieses Spiel eingegangen; angeblich wollten Francis Drake und Walter Raleigh ihre Partie Bowls beenden, bevor sie gegen die spanische Armada ausliefen – und diese dann auch besiegten. Wie Kricket gehört Lawn Bowls zu jenen englischen Sportarten, die heute noch sowohl von geübten wie von weniger trainierten Wettkämpfern betrieben werden; auch wenn der hier ebenfalls obligate *dress code* nicht immer eingehalten wird, sieht man am Wochenende überall im Lande zumeist ältere Herrschaften ihre Wettkämpfe austragen. Leonard war bei diesem Spiel Schiedsrichter, Trainer und Lehrer in einem; wie Angelica Garnett schreibt, beaufsichtigte er das Spiel, drängte Unerfahrene zum Mitspielen und lobte sie, wenn sie besser waren als erwartet.

Häufig hatte man es sich auf der Veranda von Virginias *writing lodge,* manchmal auch neben einem der Teiche oder in der Sitzecke mit Tisch und Bänken gemütlich gemacht, und hingelagert auf mehr oder minder bequemen Liegestühlen genoss man Entspannung nach dem Lunch oder zuweilen auch noch nach dem Dinner. Dann saß man bis in die Nacht hinein in der südenglischen Wärme und ließ mitunter die Grenzen zwischen der Realität und den Träumen und Gefühlen, zwischen der inneren und äußeren Existenz verschwimmen. Und wenn es auch nur ein kurzer Augenblick war, der so empfunden wurde, war er doch lang genug, beschrieben zu werden: »Die Nacht sank hernieder, so daß der Tisch im Garten unter den Bäumen weißer und weißer wurde; und die Menschen um ihn herum undeutlicher wurden. Eine Eule, plump, urtümlich wirkend, schwergewichtig, flog mit einem schwarzen Fleck zwischen den Fängen quer über den verbleichenden Himmel. […] Der Tag war sehr heiß. Nach Hitze ist die Oberfläche des Körpers geöffnet, als wären alle seine Poren offen und alles läge entblößt, nicht versiegelt und zusammengezogen wie bei kaltem Wetter. Die Luft weht kalt an die Haut unter den Kleidern. Die Fußsohlen dehnen sich im Hausschuh nach dem Laufen auf harten Straßen. Dann scheint das Gefühl des in die Dunkelheit zurücksinkenden Lichtes die Farbe im eigenen Auge sanft mit einem feuchten Schwamm zu löschen. Dann zittern hin und wieder die Blätter, als ginge ein Zucken unwiderstehlicher Empfindung durch sie hindurch, so wie ein Pferd plötzlich mit dem Fell zuckt. Doch dieser Augenblick wird auch aus einem Gefühl gebildet, daß die Beine des Stuhles durch den Mittelpunkt der Erde sinken, durch die schwere Gartenerde hindurch; [...].« (DER AUGENBLICK, 7)

Für einen Augenblick fühlen sich die abendlichen Gäste als Zuschauer einer Welt, die ins Universum zu reichen scheint, aber doch nur ländliche Existenzen in ihrem umgrenzten Leben meint. Man wünscht sich in machtvolle Einsamkeit und spürt plötzlich die Kälte des feuchten Grases; die erleuchteten Fenster des warmen Hauses, in dem das Bett wartet, ziehen die gerade noch ins Universum Strebenden zu sich. Im Garten fand Virginia sowohl die Einsamkeit des Denkens und Schreibens wie die Gesellschaftlichkeit des Denkens und Diskutierens. »Bloomsbury auf dem Lande«, das war die Ästhetik des Gartens, die Intellektualität im Grünen; hier erfuhr man eine Umgebung, die nicht sozialen Zwängen, sondern ihrer eigenen naturhaften Gesetzlichkeit unterworfen war.

Eine besondere Attraktion des Anwesens war der große Obstgarten. Zahlreiche Apfel- und Birnbäume ließen ihre Früchte verführerisch reifen, und ein Griff in die Äste genügte, um sich Erquickung zu verschaffen. Leonard Woolf schildert in seinen Memoiren DOWNHILL ALL THE WAY, wie bei der Auktion des Inventars von Monk's House, die im Garten stattfand, die Bieter unter einem reich beladenen Apfelbaum stehen und sich dann und wann eine große, rote Frucht pflücken, um sie genüsslich zu essen – was dem eigentlich traurigen Anlass einer Haushaltsauflösung eine heitere Note verleiht. Vor allem aber war der Obstgarten ein wunderbarer Platz, um unter Schatten spendenden Bäumen zu sitzen, zu diskutieren oder auch zu meditieren. Die kleine Skizze IM OBSTGARTEN bildet auf sensibelste Art die Wachträume einer jungen Frau ab, die – unter Apfelbäumen ruhend – das dörfliche Leben wie von ferne wahrnimmt: »Miranda schlief im Obstgarten, im Liegestuhl unter dem Apfelbaum. Ihr Buch war ins Gras gefallen, und ihr Finger schien immer noch auf den Satz zu deuten: ›Ce pays est vraiment un des coins du monde où le rire des filles éclate le mieux‹, als sei sie genau da eingeschlafen. […] Dann, als die Brise kam, kräuselte ihr purpurfarbenes Kleid sich wie eine Blume an einem Stengel; die Gräser nickten; und der weiße Schmetterling wehte dicht über ihrem Gesicht hierhin und dorthin.« (DAS MAL AN DER WAND, 181)

Diese Idylle des wahren Landlebens wird jäh und mehrfach unterbrochen. Erst sind es die Schulkinder, die mit Gelärme das Einmaleins aufsagen. Dann dringt der kräftige Klang der Orgel aus der nahen Kirche herüber, und der wird abgelöst vom Dröhnen der Glocken. Die doch eigentlich friedlich anmutenden Töne sind genau jene, die Virginia Woolf die konkrete Bukolik zuweilen schwer erträglich gemacht haben, denn der beschriebene Garten hat seine reale Entsprechung in den »Grünanlagen« von Monk's House in unmittelbarer Nachbarschaft der Kirche von Rodmell.

Doch trotz allen Ingrimms über Probleme im dörflichen Zusammenleben arrangiert man sich auch mit den Kindern der Nachbarschaft. Und so kann Virginia Woolf im Oktober, also am Ende einer »Sussex-Saison«, befriedigt in ihrem Tagebuch notieren: »Heute ist unser letzter Tag; die Kisten mit den Äpfeln stehen offen [...] Ja; zweifellos der bislang beste Sommer, obwohl das Wetter abscheulich war, kein Bad, eine Dienstbotin, & ein Klo, zu dem man sich durchs Gebüsch schlängeln muß. Dieses Urteil unterschreiben wir beide. Das Haus ist bezaubernd, & obwohl ich in meinen Eifersuchtslaunen alle anderen Häuser ausgekundschaftet & genau untersucht habe, bin ich insgesamt der Ansicht, daß das hier das beste ist. Sogar die Stimmen der Schulkinder, wenn man sich vorstellt, es seien Mauersegler & Schwalben, die schrill pfeifend um die Dachrinnen fliegen, regen einen eher an als auf. Wir geben ihnen jetzt Äpfel, weisen ihre Pennies zurück & verlangen dafür, daß sie sich im Garten zurückhalten. Sie hatten bereits mehrere Bäume geplündert.« (1. Oktober 1920) Es darf füglich bezweifelt werden, dass die Lausbuben des Dorfes – trotz des Schutzgeldes in Naturalien – ihren Appetit auf die verbotenen Früchten aus dem Garten der Woolfs bezwungen haben. Zwar muss Leonard eine nicht unbeträchtliche pädagogische Autorität besessen haben, doch abwesende Gärtner schrecken nicht mehr.

Die ländliche Umgebung, Garten, Dorf und Felder, erscheinen nur in Abbreviatur im Werk von Virginia Woolf, aber sie bestimmen nicht unwesentlich ihr Lebensgefühl. In dem Roman DIE WELLEN, für viele Kritiker das Meisterwerk der Autorin, werden die miteinander verschlungenen Schicksale von sechs jungen Menschen beschrieben, die ihre Vorbilder möglicherweise unter den Verwandten und Freunden von Virginia Woolf haben. Wenn sich die Protagonisten an ihre Kindheit und Jugend erinnern, an ihre Schulzeit und an erste Verliebtheiten, wenn sie in Assoziationen ihre Existenz beschreiben, dann ist der Schauplatz dessen, was sie schildern, stets die Natur, es sind Gärten und Parks, es ist die Landschaft des englischen Südens. Susan, eine der Heldinnen des Romans, resümiert das Wesentliche ihres Lebens beim Blick in den Garten: »Was ich um mich sehe, gehört alles mir. Ich habe Bäume aus Samenkörnern gezogen. Ich habe Teiche angelegt, in denen sich Goldfische unter den breitblättrigen Lilien verstecken. Ich habe Netze über Erdbeerbeete und Salatbeete gespannt und die Birnen und Pflaumen in weiße Beutel eingenäht, um sie vor Wespen zu schützen. [...] Ich bin hier umzäunt, eingepflanzt wie einer meiner Bäume.« (DIE WELLEN, 148)

Und die »Zwischenspiele«, welche die sechs Leben in diesem Roman von Geburt bis Tod sinnbildlich in einem Tag erfassen wollen, lassen jenen Tag seine besondere Farbe in einem Garten gewinnen. Dieser Garten liegt am Meer, in ihm kann man das Rauschen der Wellen hören und die Schreie der Vögel, und es hat den Anschein, als ob die auf- und niedergehende Sonne den Garten von Talland House und den von Monk's House gleichermaßen überstrahlt.

Aber Rodmell und Monk's House, das waren nicht nur Cottage und Garten allein. Der Garten öffnete sich – fast wie ein klassischer englischer Landschaftsgarten – in die Umgebung zu den Downs, ohne diese allerdings in seine Struktur direkt einzubeziehen. Und jenes Gelände war für Virginia ein wesentlicher Teil ihrer »Sussex-Existenz«. Fast jeden Tag unternahm sie lange Spaziergänge, oft begleitet von ihrem Hund, und auf diesen Wegen entwarf oder verwarf sie Texte, probierte Sätze aus und überprüfte deren Rhythmus, während sie kräftig ausschritt und die Sprache dem Gehen anpasste – oder umgekehrt.

Der Weg, den sie häufig wanderte, war Teil des inzwischen institutionalisierten South Downs Way, der von Eastbourne an der Küste von East Sussex bis Winchester in Hampshire reicht und 160 Kilometer lang ist. Dieser südenglische National Trail führt durch eine Landschaft, deren Agrikultur etliche Jahrtausende zurückreicht, deren historische Zeugnisse, wie zum Beispiel besondere Grabformationen, die Tumuli, zum Teil noch aus der Bronzezeit stammen und in der – wie könnte es anders sein – die Römer und später dann die Normannen zahlreiche Bauten errichteten. Vor allem aber wird der Wanderer durch ein Gebiet geleitet, in dem Wälder, Weiden, Kreidefelsen, sanfte Hügel, Dörfer und kleine Städte ihm Abwechslung ohne Anstrengung bieten.

Die South Downs fanden zu allen Jahreszeiten Virginia Woolfs Bewunderung, häufig streifte sie über schmalen Pfaden bis zur Ouse hin, die irgendwann ins Meer mündet. Am 28. März 1941 nahm sie zum letzten Mal den Weg zum Fluss; sie zwängte sich einen schweren Stein in die Tasche ihres Mantels, legte ihren Wanderstock am Ufer ab und ging langsam ins stark strömende Wasser. Nur große Entschlossenheit und verzweifelte Resignation bringen einen Menschen, der schwimmen kann, dazu, instinktive Rettungsbewegungen zu unterlassen. Drei Wochen später fand man ihre Leiche. Die Urne mit ihrer Asche wurde im Garten von Monk's House unter einer Ulme begraben. Diese Ulme und eine weitere, früher »Virginia« und »Leonard« genannt, stehen nicht mehr. Auch Leonards Asche wurde später im Garten beigesetzt. Der Besucher des Gartens, in dem auch zwei Büsten an das Paar erinnern, erhält dort einen sehr intensiven Eindruck von der ehelichen Gemeinschaft Virginia und Leonard Woolfs; der Garten könnte als naturhaft materialisierter Ausdruck ihrer Ehe wahrgenommen werden.

Wahrscheinlich hätten die Urnen auch auf dem benachbarten Friedhof beerdigt werden können, doch das wäre möglicherweise die Stiftung einer Gemeinschaft gewesen, die zu Lebzeiten von Leonard und Virginia Woolf nicht immer erwünscht war. Weder waren sie wirklich in das dörfliche Leben integriert, noch fanden die »Londoner« bei den Dorfbewohnern immer die notwendige Akzeptanz.

Den Mittelpunkt des Friedhofes bildet die aus normannischer Zeit stammende Kirche St. Peter, deren größter Schatz ein Taufstein ist; diesen glaubt man auf anglo-saxonische Ursprünge datieren zu können, also dürfte er mehr als tausend Jahre alt sein. Den stämmigen, spitzen Turm, dessen Geläut nicht immer Virginias Wohlgefallen fand, krönt eine Wetterfahne, deren ältere Vorgängerin in der kleinen Seitenkapelle aufbewahrt wird. St. Peter ist eine traditionelle Parish Church, deren Pflege den Gemeindemitgliedern ein besonderes Anliegen ist, wie die Aushänge zeigen, auf denen Pflichten wie die Sorge für den Blumenschmuck und Ähnliches vermerkt sind. Der Friedhof, der sich innerhalb einer Mauer rings um die Kirche erstreckt, entspricht in seiner Anlage und Wirkung so vielen englischen Totenackern, die direkt am Gotteshaus liegen – er ist ein »Hof«, eigentlich eine »Wiese des Friedens«. Eine Rasenfläche, nicht überall sorgfältig gemäht, mit langen Gräsern, zwischen denen die Grabsteine wie zufällig hingestellt wirken. In der warmen Jahreszeit trifft man hier gelegentlich auf Menschen, die sich mit allen Zutaten für ein Picknick hingelagert haben, und man weiß nicht, ob sie nach dem Besuch bei einem Verstorbenen jetzt eine Art »Erinnerungsmahl« einnehmen oder ob sie einfach den schattigen Platz unter den hohen Bäumen als idealen Ort für eine Rast ausgewählt haben. Einerseits wundert es ein wenig, dass sich in den Aufzeichnungen von Virginia Woolf kaum etwas über den Friedhof findet, da er doch als eine Art Memento mori allgegenwärtig war, andererseits gehörten Gräberfelder nicht zu ihren bevorzugten Aufenthaltsorten.

Ähnlich wie der Kirchhof in Rodmell ist auch der in Firle gewissermaßen eine Wiesenfläche, nur erheblich größer und lichter. Dort ruhen Vanessa Bell, die ältere Schwester Virginias, und Duncan Grant, ihr Lebensgefährte, und dicht neben beiden befindet sich das Grab von Quentin Bell, Virginia Woolfs Neffen und erstem Biographen. Es gibt kaum etwas Friedlicheres und Versöhnlicheres für Trauernde als ländliche englische Kirchhöfe, da auf vielen von ihnen keine schweren Grabhügel aufgeworfen wurden, sondern der Rasen alles mit glatter Oberfläche zudeckt. Die Ruhestätten sind nur an den kleinen, bemoosten, schnell verwitternden Steinen zu erkennen, deren Aufschrift man kaum noch entziffern kann.

Gänzlich anders stellt sich jener Friedhof dar, auf dem die Gräber der Familie Stephen zu finden sind. Highgate Cemetery, östlich von Hampstead im Norden Londons gelegen, ist für die britische Hauptstadt von ähnlicher Bedeutung wie der Père Lachaise für die französische: Er ist gewissermaßen der Friedhof der Metropole. Während aber der Pariser Friedhof vor allem die Ruhestätte der Berühmten und Berüchtigten, der Musiker, Dichter und Revolutionäre ist, gewinnt Highgate seine Attraktivität durch die morbide anmutende Verbindung von höchst lebendiger, etwas anarchischer Natur und der teilweise zerfallenden viktorianischen Gräberarchitektur. Dies gilt vor allem für den Westteil, der heute nur noch mit Führungen besichtigt werden kann. Anders auch als der französische Begräbnisplatz war Highgate als romantischer Landschaftsgarten konzipiert, in dem Libanon-Zedern und andere malerische Bäume die vielen Mausoleen und Grüfte beschatten. 1839 fand in Highgate die erste Beerdigung statt, und sehr bald kam dieser Friedhof »in Mode« – so frivol das auch klingen mag. Die Begräbnisplätze waren teuer, doch der Zuspruch so groß, dass 1854 noch ein weiteres Grundstück auf der östlichen Seite der Straße gekauft werden musste, um die Nachfrage zu befriedigen. Zwar weist der Ostteil von Highgate nicht die spektakuläre pseudoägyptische Grabarchitektur auf, die eher für verirrte Pharaonen oder für die Liebhaber von Schauernovellen als für respektable Londoner Bürger entworfen zu sein scheint, aber viele prominente Einwohner der Hauptstadt haben hier ihre letzte Ruhestätte gefunden.

1885 wurde dort Julia Stephen begraben. Völlig überraschend war sie am 5. Mai gestorben, und ihr Tod bedeutete für die dreizehnjährige Virginia den größten Verlust ihres Lebens, eine traumatische Erfahrung, die sich auf ihre ganze weitere Existenz auswirken sollte. Dazu trug sicherlich auch die völlig unbeherrschte Trauer ihres Vaters bei, der in seinem üblichen Selbstmitleid keinerlei Rücksicht auf die Gefühle seiner Kinder nahm, sondern vielmehr von diesen Trost einforderte. Virginia Woolf schreibt in ihren Erinnerungen: »Die ganze Atmosphäre dieser drei, vier Tage vor dem Begräbnis war natürlich so dramatisch, theatralisch und unwirklich, daß jede Halluzination möglich war. [...] Wir saßen alle im Salon, rings um den Sessel meines Vaters, und schluchzten. Die Blumen im Vestibül verbreiteten einen schweren Duft. Sie lagen dort hoch aufgetürmt auf dem Tisch. Der Duft bringt jene Tage noch immer mit erstaunlicher

Intensität zurück.« (AUGENBLICKE, 125) Auch hier sind es wieder Blumen, die wesentliche Ereignisse, Erfahrungen und Gefühle der Vergangenheit in die Erinnerung aufnehmen.

Die Kinder sind bei der Beerdigung nicht dabei, erst später besuchen sie das Grab. Es erstaunt, dass Julia nicht auf dem sehr viel näher gelegenen Brompton Cemetery in Kensington beigesetzt wurde, denn der Weg nach Highgate ist recht weit und auch heute noch mühsam, da man nur mit U-Bahn, Bus und einem längeren Spaziergang durch den Waterlow-Park zum Friedhof an der Swains Lane gelangt. Später werden noch andere Mitglieder der Familie dort im Norden begraben: Julias Tochter Stella 1897, Sir Leslie Stephen 1904 und Thoby Stephen, der älteste Sohn, 1906. Es sind zwei schmale Grabstellen – eine für Stella und die andere für die Stephen-Familie; sie liegen in der Nähe des Friedhofeingangs, an dem ersten schmalen Weg, der links zwischen hohen Bäumen in das Dunkel der Gräberreihen hineinführt. Da die Ruhestätten sich dicht am Zaun zum Waterlow-Park befinden, fällt ein wenig mehr Licht auf den schmalen Grund. Auf dem Weg dorthin hat man den Eindruck, durch ein fast zugewuchertes, sehr grünes Dickicht zu gehen, in dem Efeu und andere Rankgewächse trauernde Marmorengel umschlingen. Die Gräber der Familie, die schon dem Verfall geweiht waren, sind diesem Schicksal durch den Einsatz von Mitgliedern der Virginia-Woolf-Gesellschaft entgangen. Die Inschriften sind nur noch sehr schwer zu lesen, doch hat der Besucher – wie schon in Monk's House – das merkwürdige Gefühl einer minimalen Annäherung an Menschen, die er nur aus der literarischen Vermittlung kennt.

Der Garten von Monk's House heute

Der Garten von Monk's House in Rodmell, 1919 zusammen mit dem Haus als kleiner verwilderter Flickenteppich erworben, im Lauf des nächsten Jahrzehnts vergrößert, erweitert und kunstvoll gestaltet, war der Rahmen von Virginia Woolfs zweiter Lebenshälfte und ihr Refugium. »Wir sind in Rodmell an dem herrlichsten Frühlingstag: sanft: ein blauer Schleier in der Luft von Vogelstimmen zerrissen. Ich freue mich meines Lebens & bedauere die Toten ...«, schrieb sie am 24. März 1932 in ihr Tagebuch. In Rodmell sind ihre wichtigsten Werke entstanden.

Zwar wirkte und werkelte Virginia in diesem Garten nur sporadisch, er war Leonards Reich in Planung, konkreter Ausgestaltung und auch in der Finanzierung. Aber sie fühlte sich in ihm wohl und behütet, sie plante mit, arrangierte die Blumen und unterstützte Leonards leidenschaftliches Mühen mit Lob und mit Kunst: So kaufte sie etwa schöne italienische Terrakottatöpfe für seine Pflanzen oder »spendierte« steinerne Statuen, die teilweise noch jetzt im Garten zu sehen sind.

Wenn man sich heute, die Dorfstraße hinuntergehend, dem Anwesen nähert, sieht man zunächst die lange, weiße Straßenseite des Hauses mit dem dunklen steilen Ziegeldach, davor einen schmalen Vorgarten mit einem hohen Magnolienbaum links hinten und einer lockeren Reihe pinkfarbener Rosensträucher, rot blühender Digitalis und niedriger Malven, die von innen eine halbhohe graue, gut erhaltene Steinmauer als Abgrenzung zur Straße hin säumen. Eine gelbe Kletterrose zieht sich am vorderen Teil der Hausfront hoch und umrahmt das dortige Fenster. Der sich ebenfalls an dieser Seite befindende Vorbau mit dem Haupteingang, die weiße Tür mit einem Klopfer bewehrt, wurde und wird nie als Eingang benutzt. Betritt man durch das Holztor, das den Mauerabschluss bildet, unter einer Linde das Grundstück, so wird man auf einem gepflasterten Weg an der Giebelseite entlang und um die Ecke des Hauses zum tatsächlichen Eingang auf der Gartenseite geführt.

Ehe man nun den eigentlichen Garten betritt, gibt es noch ein kurzes Verweilen in dem mit Ziegelsteinen gepflasterten Hof an der Giebelseite, eine flüchtige Rast auf der hölzernen Sitzbank neben dem kleinen länglichen Wasserbecken. Hier stehen vier große Blumenvasen auf Steinsockeln, daneben zwei lebensgroße Schäferinnenstatuen; das Ganze wird beschattet von dem umgebenden Grün: hohen Laubbäumen, einer dichten Eibenwand und einer Ulme, davor Holunder und Rhododendron, Farne, Efeu und Maiglöckchenlaub. Die hier herrschende Kühle und die selbst bei Sonnenschein eher düstere Stimmung werden auch von den längs des Weges gepflanzten weißen Cosmeen und Blutströpfchen kaum gemildert.

Schlagartig ändert sich die Atmosphäre, wenn man beim Abbiegen nach links an einer Palme vorbei die volle Sonne auf dem großen bunten Blumengarten vor der Gartenseite des Hauses zu sehen und zu spüren bekommt und von dem Licht und der Vielfalt der Farben schier geblendet wird. Schon zu Zeiten der Woolfs war das rückwärtige Gartengrundstück, 1928 durch Zukauf von Land fast verdoppelt, in vier Bereiche eingeteilt worden: den schon erwähnten großen Blumengarten direkt vor dem Haupttrakt des Hauses, von niedrigen Mauern abgegrenzt und durch kleine Niveauunterschiede in Form von aufsteigenden Treppen oder Terrassen gegliedert, ergänzt um den geräumigen Sitzplatz, der seinerseits durch eine niedrige Mauer und einige Laubbäume (Feigen, Magnolie) vom dahinter liegenden Seerosenteich abgegrenzt ist. An den Blumengarten anschließend folgt der große Obstgarten mit Virginias Lodge am südlichen Rand. Gegenüber findet sich eine weite, von Hecken und Bäumen eingefasste Wiese: das *bowling green* der Woolfs und ihrer Freunde. Das Ende des Grundstücks nach Süden hin bildet der längliche Nutzgarten. Zu Leonards Zeit waren dort drei kleine beheizte Treibhäuser zum Vorziehen und Vermehren von Blumen- und Gemüsepflanzen. Diese wurden später abgerissen, stattdessen wurde an die Südseite des Hauses auf Leonards Veranlassung ein Glasvorbau angebaut, durch den man heute das Haus betritt, den Virginia aber nicht mehr erlebte. Jetzt dient dieser Wintergarten kaum noch zum Vorziehen frostempfindlicher Pflanzen (Leonard liebte besonders Kakteen in vielen Varianten), sondern bildet ein grün-buntes Reich mit echtem und wildem Wein, Clematis, Gummibäumen und Ficuspflanzen, dazwischen als Farbtupfer diverse große Geranien, Cliviatöpfe und Calla, und zwischen all dem steht ein Abguss von Donatellos David.

Das Blumenareal an der Südseite des Hauses ist ein großer, fröhlicher, bunter Cottage-Garten. Eingegrenzt wird er von einer Eibenhecke, hohen Sträuchern und einer halbhohen

Mauer. Vor dem Haus befindet sich eine kleine Rasenfläche, umrahmt von Clematissträuchern, Goldraute und Bechermalven, einem riesigen roten Fuchsienbusch, weißen und lila Bornholmmargeriten, Rondellen mit hohem blauem und rotem Zierlauch neben Astern und Cosmeen. Dazwischen Keramiktöpfe mit Thymian, einige Amphoren voll roter und rosafarbener Pelargonien und stacheliger Yuccapalmen. Mombretienkreise wechseln mit Mohn und roten Malven. Dahinter, zum Obstgarten hin, folgt eine lange Dahlienrabatte in allen Farbtönen von Rot und Rosa, daneben und davor wachsen Storchenschnabel und Phlox, gelbe Lilien und weiße Margeriten, grüngelbe Euphorbien und rote Calla, hohe Glockenblumen und bunte Löwenmäulchen und immer wieder die leuchtend orange blühenden Mombretiengruppen. Feuerlilien und strahlend gelbe Schafgarbe stehen neben roten Lupinen, Edeldisteln und Päonienstauden, ein großer pinkfarbener Hortensienstrauch konkurriert mit zahlreichen Rosensträuchern in Rot, Altrosa und Weiß.

Der seitlich anschließende Sitzplatz mit seinem grauen Steinpflaster und den verwitterten, aber sehr robusten Holzbänken nebst Tisch ist von niedrigen, mit wildem Wein bewachsenen Mauern eingefasst, vor denen sich Lavendelrabatten hinziehen. Auf dem südlichen, außen durch Fuchsienbüsche verdeckten Mauerabschluss des Sitzplatzes stehen die beiden Bronzebüsten von Virginia und Leonard: vorne die von ihm mit einer Malvengruppe daneben, hinten die von Virginia, von einer großen, rot blühenden Magnolie überwölbt. Vor der Mauer mit den Büsten liegt außen in einer Rasenfläche der kleinere Seerosenteich. Der größere befindet sich, eine steinerne Venus an der Seite, in dem östlich anschließenden weiten Wiesengelände, das, von Bäumen, Sträuchern und Hecken eingefasst, früher als viel benutzter Boule-Spielplatz diente.

Nicht mehr zum Blumengarten gehörend, aber auf derselben Seite des Hauses in Richtung Osten finden sich vor Virginias Schlafzimmer eine Rasenfläche mit einigen reich tragenden Obstbäumen (Birne, Äpfel, Pflaume) und in der Ecke zur Straße hin eine große Magnolie mit riesigen weißen Blüten. An der Hausmauer neben dem Kücheneingang sind schmale Streifen mit Kräutern – Rosmarin, Minze, Zitronenmelisse, Salbei und Dill – bepflanzt, daneben blühen Malven, Lavendel und Glockenblumen, Lilien und Astern.

Eine große Wiesenfläche setzt hinter den Abschlussmauern des Blumenareals das Grundstück nach Südosten fort; rechts wird es zum Kirchweg hin von Haselnuss- und Holundersträuchern begrenzt, links geht es in den Boule-Spielplatz über, und nach Südosten endet es an einer dicht bepflanzten Mauer zur Dorfkirche mit ihrem charakteristischen Turm. Hier befindet sich neben Bienenstöcken und beschattet von einer riesigen Rosskastanie Virginias Gartenhaus, die Schreib-Lodge, wo sie fast jeden Tag arbeitete und bei gutem Wetter auf der kleinen Terrasse davor Gäste empfing. Die heutige Lodge ist größer als die zu Virginias Zeiten, Leonard hat sie in späteren Jahren umbauen und vergrößern lassen. Die große Wiesenfläche wurde als Obstgarten angelegt und mit einer Vielfalt von Obstbäumen bepflanzt, besonders vielen Äpfeln, Virginias Lieblingsfrucht, aber auch Birnen und Pflaumen, Reneclauden und Mirabellen. Selbst ein Quittenbaum fehlt nicht. Dieser Obstgarten diente ebenso wie das links von der Dorfkirche weiterführende Gartengelände als Nutzgarten, der mit frischen Produkten weit mehr als den Bedarf seiner Bewohner deckte und besonders in der Kriegszeit auch andere »Bloomsbury-Häuser« wie Charleston und Tilton sowie den Bauernmarkt von Lewes versorgte. Auch heute ist der ausgedehnte längliche Nutzgarten, der den Abschluss des Grundstücks bildet, so vielfältig und reichhaltig bestückt, dass er weit mehr als eine komplette Haushaltsversorgung bietet. Neben dem Grundnahrungsmittel Kartoffel in verschiedenen Varianten wachsen hier in sinnvoll geordneten Beeten alle möglichen Sorten von Bohnen (Stangen-, Busch- und dicke Bohnen), Erbsen und Gurken, riesige Zwiebeln (von Leonard im Krieg sowie danach in Mengen produziert und verkauft), Sellerie, Rosenkohl und Tomaten, diverse Blattsalate, Lauch und Mangold. Auch die Mittelmeergemüse Auberginen, Zucchini und Artischocken fehlen nicht und freuen sich mit den anderen Pflanzen an verstreuten gelben und orangefarbenen Ringelblumen und sporadisch begegnendem rotem Klatschmohn. Dicke Schnittlauchpolster und diverse Küchenkräuter, besonders viel Dill, sorgen für die Würze der Speisen. Und damit auch Frühstück, Nachtisch und Kuchen nicht zu kurz kommen, bieten sich ein ausgedehnter Beerengarten und Rhabarberrabatten an.

Gärten der Freundschaft
und der Liebe
oder
Vita Sackville-West liebt nicht
nur die Gartengestaltung

Groß, fast schon zu groß war der Bekannten- und Freundeskreis der Woolfs, dem noch die zahlreichen Verwandten von
Leonard und Virginia hinzuzurechnen sind. Nahezu alle diese
Menschen hatten nicht nur ein Haus, eine Wohnung oder
zumindest ein *pied-à-terre* in London, sondern auch ein Domizil
auf dem Lande, das aber von der Hauptstadt schnell zu erreichen war. Und nahezu alle waren der englischen Leidenschaft
des Gärtnerns verfallen. Der Bloomsbury-Kreis war somit
nicht nur eine Gemeinschaft von Intellektuellen, sondern auch
eine von Gartenliebhabern und Gartengestaltern. Die gemeinhin vorausgesetzte Hierarchie dieser Neigungen stellt Vita
Sackville-West ironisch auf den Kopf, als sie an ihren Mann
Harold Nicolson 1938 schreibt: »Wenn Du wirklich mal ein an-
spruchsvolles Gespräch willst, empfehle ich drei Experten, die
über Aurikeln reden. Bloomsbury ist nichts dagegen. Ich habe
nicht einmal die Hälfte von dem verstanden, was sie gesagt
haben.«

Liest man die Tagebücher und Briefe von Virginia Woolf – ein
interessantes und durchaus indiskretes Unterfangen –, muss
man zuweilen den Eindruck gewinnen, als sei ihre wesentliche

Beschäftigung nicht das Schreiben, sondern der gesellschaftliche Umgang, die gesellige Begegnung gewesen. Nicht immer aber war die gesundheitliche Verfassung von Virginia Woolf so stabil, dass sie ohne negative Rückwirkung auf Psyche und Physis die vielen Einladungen zum Dinner oder Lunch, zum Nachmittagstee oder zu Abendgesellschaften annehmen konnte, die sie regelmäßig erhielt. Häufig musste Leonard dafür sorgen, dass man rechtzeitig nach Hause aufbrach, damit seine Frau sich nicht überanstrengte. Ein wenig mochten derartige nervliche Reaktionen auch davon abhängen, ob die Gastgebenden oder die Gäste besonders geschätzt wurden oder ob man nur sozialen, vorwiegend familiären Verpflichtungen nachkam. Vor allem Leonards Verwandtschaft wurde von Virginia nicht sonderlich gern gesehen; dies betraf in erster Linie seine Mutter, der gegenüber Virginia die für Schwiegertöchter nicht ungewöhnlichen Vorbehalte hatte.

Am engsten war naturgemäß die Verbindung zu den »Bloomsberries«, wie der Freundeskreis später genannt wurde. Mit ihnen traf man sich nicht nur in den Häusern und Gärten des engsten Zirkels, sondern die Gruppe hatte auch Freunde gewonnen, die es sich zur Ehre anrechneten, jene in mancherlei Hinsicht unkonventionellen, aber zunehmend prominent werdenden Künstler bei sich zu Gast haben zu dürfen.

Eine besonders begnadete, aber auch besonders extravagante, wenn nicht gar exzentrische Gastgeberin war Lady Ottoline Morrell, Halbschwester des Herzogs von Portland, Frau des liberalen Parlamentsabgeordneten Philip Morrell, Geliebte des Philosophen Bertrand Russell, Cousine der späteren Königin-Mutter – und begeisterte Verehrerin der Bloomsbury-Gruppe. Man täte ihr das übliche Unrecht, sähe man sie nur in Bezug auf die ihr verbundenen Männer und leitete ihre Bedeutung aus der Bedeutung ihrer Liebhaber ab, denn mit ihren gesellschaftlichen Fähigkeiten und Intentionen schuf sie einen Salon, der eine Art aristokratische Ergänzung zu Bloomsbury darstellte. Sie »hielt Hof« in London am Bedford Square, dann in der Nähe von Oxford, auf dem Landsitz Garsington Manor, und später in der Gower Street (Nr. 10) in Bloomsbury; dort erinnert neben der Haustür die obligate *Blue Plaque* an die »Literary hostess and patron of the arts«.

Ihre größte Bedeutung erlangte Lady Ottoline Morrell als Gastgeberin auf ihrem Besitz Garsington Manor in Oxfordshire, den sie mit ihrem Mann vor dem Ersten Weltkrieg erwarb und sehr opulent ausgestaltete. Recht gewagte blaugrüne Wandbemalungen, luxuriöse Seidenvorhänge, persische Teppiche und zwischendrin die Möpse des Hauses – die Besucher waren überwältigt von der geradezu orientalischen Pracht. Diese erschien um so beeindruckender, als das graue Tudor-Haus aus Cotswold-Steinen einen derartigen Pomp nicht vermuten ließ. Allerdings hatte der überquellende Prunk etwas Verworrenes, Übertriebenes, das dem Verdikt der kritischen Besucher, die eher die farbenfrohe Nüchternheit der Omega-Künstler schätzten, anheim fallen musste. So sieht es unter anderem Lytton Strachey, ein boshafter Gast, der in Briefen an Ottoline Morrell ihr häufig überschwänglich huldigte und in Briefen an seine Freunde sie ebenso häufig sarkastisch karikierte. Ottoline Morrell agierte als große Mäzenin und öffnete ihr gastfreies Anwesen den anspruchsvollen Künstlerfreunden aus London. Strachey zum Beispiel klagte in den vorratsarmen Kriegszeiten über das kärgliche Frühstück, um sich eine reichhaltigere Mahlzeit einzuhandeln. Und auch Virginia Woolf, deren Haus in Rodmell eher dürftig ausgestattet war, stellte nörgelnd fest, dass sie in Garsington kein Bad hätte nehmen können (Tagebuch, 17. Juli 1922).

Wenn auch die Gäste zuweilen eine gewisse Frugalität beklagen, so konzentrieren sich ihre Schilderungen doch auf die verschwenderische Innenausstattung und den bemerkenswerten Garten. David Garnett beschreibt die mit Bildern unterschiedlichster Art behängten Wände, die jeder Galerie Konkurrenz machen könnten. Auch stellt er fest, dass das Charakteristische von Ottolines Häusern deren jeweiliger Geruch sei, und der von Garsington setze sich zusammen aus den starken Düften von Blumenpotpourries und Veilchenwurzeln sowie dem Aroma von getrockneten Orangen, gespickt mit Nelken. Auf diese Weise drang das gärtnerische Element ins Innere. Virginia Woolf beschreibt ihren Eindruck von einem Wochenende in Garsington ähnlich: »[…] Philip ungemein eingehüllt in bestes Leder; Ottoline, wie gewöhnlich, Samt & Perlen; […] Zu viele Gerüche & Seiden & eine warme Luft, die ein wenig lastete. Massen von Leuten, die sich von Zimmer zu Zimmer bewegten […].« (Tagebuch, 19. November 1917)

Vielleicht sind die immer anzutreffende Fülle an Menschen und der anscheinend fast penetrante Geruch Ursachen dafür, dass die Besucher – wenn möglich – ins Freie strebten. Der Garten war eine Schöpfung von Lady Ottoline Morrell und ihrem Mann, die bei der Gartengestaltung auch Eindrücke von ihren Italienreisen verwerteten. Die Anlage war in drei Bereiche unterteilt, von denen einer italienisch anmutete – mit einem dekorativen See und kontrastierend gegen eine dunkle Eibenhecke gesetzten hellen Statuen. Natürlich kam diese Gestaltung erst im Sommer voll zur Geltung, und so äußert sich Virginia im Juli freundlicher über Garsington: »In der Tat war ich, aus irgendeinem Grunde, sehr zufrieden. Mein Bett wirkte wie Schichten eines äußerst elastischen Rasens; & dann ist der Garten fast melodramatisch vollkommen, mit seinem grauen rechteckigen Becken & rosa Bauernhäusern, seinem weichen weißgrauen Stein & riesigen sanften dichten grünen Eibenhecken.« (Tagebuch, 29. Juli 1918)

Nicht immer aber kann der Sommer sie erheitern. Nach einem weniger schönen Wochenende in Garsington schreibt sie an eine Bekannte, nachdem sie sich über das manierierte Verhalten von Ottoline aufgeregt hat, das bei Sonnenschein vielleicht normaler wirken würde, aber: »ist das Sonnenlicht jemals normal in Garsington? Nein, ich denke sogar der Himmel ist mit hellgelber Seide aufgeputzt, und sicher sind die Kohlköpfe parfümiert.« (Brief an Barbara Bagenal, 24. Juni 1923)

Dennoch muss der Garten eine besondere Anziehungskraft für die Besucher besessen haben, denn die meisten der Fotos, die auf dem Anwesen gemacht wurden, zeigen die Gäste in der Grünanlage bei Gesprächen. Lady Ottoline, selbst von nicht unbedeutender Theatralik, beschreibt den Garten in ihren Erinnerungen als eine Art Theater, auf dem die häufig wechselnden Gäste ihren Auftritt hatten – gerade so, als gehörten sie zu reisenden Schauspielertruppen. Und die Morrells waren es, die den Vorhang öffneten!

Trotz vieler Einwände, die Virginia Woolf gegen Ottoline Morrell und gegen Garsington hatte, war sie häufig auf dem Landsitz zu Gast, und sie konnte sicher sein, dort immer auf die Freunde des Bloomsbury-Kreises zu stoßen. Während des Krieges hatten mehrere Mitglieder der Gruppe den Wehrdienst verweigert und waren daraufhin zur Arbeit in der Landwirtschaft verpflichtet worden; das notwendige Betätigungsfeld eröffnete ihnen Philip Morrell auf seinem Gut. Auch nach dem Kriege war das Haus von zahlreichen Besuchern belebt; eine Gästeliste liest sich wie eine Kulturgeschichte Englands der zwanziger Jahre in Abbreviatur: Aldous Huxley, D. H. Lawrence, E. M. Forster, Katherine Mansfield, Augustus John und fast alle Bloomsberries gehörten zu den Geladenen, die kritisch und unbescheiden Genuss erwarteten und deren Anwesenheit die finanziellen Ressourcen der Morrells im Laufe der Jahre erschöpfte. Besonders traf es die Gastgeberin, dass sie von einigen der Autoren schnödesten Undank erfuhr; statt literarisch in huldigender Geste verewigt zu werden, gab es spöttische Karikaturen von Lawrence und Huxley. Und wenn es Ottoline möglich gewesen wäre, einen Blick in Virginias Tagebuch zu werfen, hätte sie auch da mehr Bissiges als Freundliches gefunden.

Aber es waren wohl nicht allein die Bloomsbury-Freunde, die Virginia Besuchen in Garsington geneigt machten. Zwar verneint sie später einmal die Frage, ob sie ein Snob sei, doch ist ihr Faible für die Aristokratie nicht bloß literarisch bedingt. In gewisser Weise ist Ottoline für Virginia eine Vorläuferin von Vita – wohl kaum in ihrer erotischen Attraktivität, wohl aber in ihrer sozialen Anziehungskraft. Das großzügig und nobel geführte Haus samt altem Gemäuer, der kunstvoll gestaltete Garten mit seinen horticultürlichen Reizen bereiten auf das Ambiente von Long Barn, mehr aber noch auf Knole vor. Und die Erfahrung luxuriöser Lebensweise und exzentrischer Eleganz mag auch deshalb Virginias Spott hervorgerufen haben, weil sie sich nur allzu häufig des Fehlens von Eleganz in ihrem Leben und an ihrer Person bewusst sein musste. Ottoline Morrell war eine Frau, die wegen ihrer Gutherzigkeit und ihrer künstlerischen Interessen eine Freundin hätte sein können, es wegen ihrer ichbezogenen Unsensibilität aber nicht sein konnte. Erst im Alter, fast am Ende ihres Lebens, wurde die Kommunikation zwischen Virginia und Ottoline vertraulicher und vertrauter.

Die Nähe zu Bloomsbury bedeutete für Lady Morrell auch die Nähe zum Nachruhm – an die extravagante *hostess* erinnert ein *memorial* in der Kirche von Garsington. Auf dem Anwesen bietet heute die Garsington Opera – ähnlich wie Glyndebourne – im Sommer den Musikfreunden besonderes Vergnügen; der berühmte Garten ist dann der Schauplatz vieler Picknicks, denen bei Regen – fast ein Stilbruch – sogar Zelte zur Verfügung stehen. Wenn man möchte, kann man eine Zeitreise machen, sich eine der von Hecken umschlossenen Nischen suchen und wie zu Lady Ottolines Zeiten den Garten genießen.

Einer derjenigen, die quasi ihren zweiten Wohnsitz in Garsington hatten, war Lytton Strachey, den man als eines der »Gründungsmitglieder« von Bloomsbury bezeichnen könnte. Er war Kommilitone von Thoby Stephen und Leonard Woolf in Cambridge, Absolvent von Trinity, Mitglied der intellektuell-elitären Studentenvereinigung der Apostles und immer in heftige Affären mit charmanten *undergraduates* verstrickt, die ihm seinen Mangel an körperlicher Attraktivität kompensieren halfen. Seine geistige Anziehungskraft jedoch war unbestritten, und sie verführte sogar die junge Virginia Stephen dazu, ihn für 24 Stunden als möglichen Ehemann zu sehen, weil er ihr in einem Augenblick erotischer Verwirrung einen Heiratsantrag gemacht hatte. Da er aber zu den zahlreichen überzeugten Homosexuellen von Bloomsbury gehörte, korrigierte er seinen Irrtum sehr schnell. Einige Zeit später empfahl er seinem Freund Leonard Woolf, die jüngere Stephen-Tochter zu heiraten, und dieser folgte dem Rat. Virginia und Lytton blieben einander auch weiterhin im Geiste verbunden. Er etablierte sich als Publizist und prominenter Biograph, dessen Werke – unter anderem über Queen Victoria – außerordentlich erfolgreich waren.

Zu den vielen Freiheiten, die den Bloomsbury-Kreis charakterisierten, gehörte auch eine nicht unbeträchtliche sexuelle Libertinage, und die verwickelten, kaum überschaubaren Kreuz-und-Quer-Beziehungen der Mitglieder könnten höchst anschaulich durch eine Grafik gekennzeichnet werden, die Ähnlichkeiten mit einem verwirrenden Schnittmusterbogen erkennen ließe. Wer mit wem gerade engere oder engste Beziehungen hatte, wer mit wem den Tisch oder auch das Bett teilte, gab Anlass zu Klatsch und mokanten Bemerkungen, und häufig stand Lytton Strachey dabei im Mittelpunkt. Sein zuweilen etwas unübersichtliches Liebesleben erhielt eine außergewöhnliche Note, als sich die Malerin Carrington – auf ihren Vornamen Dora verzichtete sie schon früh – in ihn verliebte und mit ihm zusammenzog. Diese Gemeinschaft hinderte sie allerdings nicht, auch Beziehungen zu anderen Männern und Frauen aufzunehmen. Später heiratete Carrington Ralph Partridge, Liebesobjekt von Strachey und Mitarbeiter der Hogarth Press von Virginia und Leonard Woolf, die durch diese Verbindung, mehr als es ihnen recht war, in die Beziehungsprobleme verwickelt wurden.

Lytton Strachey wohnte in Bloomsbury, später in Hampstead, aber der sensible Stadtflüchter mit starken Bedürfnissen nach Hege und Pflege brauchte – wie fast alle Mitglieder der Bloomsbury Group – ein Domizil auf dem Lande; dieses suchte und fand für ihn seine fürsorgliche Gefährtin Carrington. In dem kleinen Ort Tidmarsh, im Tal der Themse in Berkshire gelegen, entdeckte sie auf einem großen Grundstück mit Wasserlauf eine alte Mühle, die Lytton 1917 mietete. Mit Mill House hatte Bloomsbury einen neuen Außenposten neben Asheham, Charleston und – mit einigen Einschränkungen – Garsington bekommen, und Lytton Strachey schrieb hoffnungsfroh an einen Freund, dass in Tidmarsh sommerliche Treffen der Gruppe nach alter Gewohnheit stattfinden könnten. Das große Grundstück mit Obstgarten und Rasenflächen nahm Carrington in ihre Obhut und profilierte sich dabei als erfolgreiche Gärtnerin, die Zwiebeln setzte, Blumen pflanzte, Obst und Gemüse erntete und den täglichen Küchenzettel mit diesen Produkten bereicherte – auch wenn ihre Kochkünste zuweilen nicht ungefährlich für die jeweilige Tischgesellschaft gewesen sein müssen. Zusammen mit Lytton Strachey hatte sie häufig die Londoner Freunde zu Gast, die mit besonderer Vorliebe das Gespräch im Garten genossen.

Die Neigung der Bloomsberries, an Nachmittagen gemütlich unter freiem Himmel in den verschiedenen Gärten der Freunde zu verweilen, gegen die Sonnenstrahlen durch die Äste der Bäume geschützt, könnte nicht zuletzt damit zusammenhängen, dass viele von ihnen Maler waren. Auch die Bilder, die Carrington in jener Zeit malte, zeigen häufig Blumen und Blüten, Bäume und Felder als Ausdruck ihrer Vorliebe für Natur und Ländliches. Ihre intensive Arbeit im Garten sorgte dann dafür, dass ihr die Motive nicht ausgingen. Häufig sind es Tulpen, in schönen Krügen arrangiert, die Carrington in kräftigen Farben abbildete.

In jener Zeit wurde sie von den Woolfs gebeten, deren erste Publikation in der Hogarth Press zu illustrieren; sie tat es mit

Erfolg, und die kritische Virginia war sehr angetan. Häufig statteten die Woolfs einen Besuch in Tidmarsh ab, und Virginia berichtet in ihrem Tagebuch von den vielen Gesprächen à la Bloomsbury, doch nicht immer war der Aufenthalt entspannt. Ralph Partridge, der mit Carrington und Lytton Strachey in einer *ménage à trois* lebte, arbeitete bei der Hogarth Press, allerdings nicht zur Zufriedenheit der Woolfs. Seine Indolenz und Bequemlichkeit und Leonard Woolfs Perfektionismus waren die Ursache für zahlreiche Konflikte, in denen Strachey seinem Gefährten zuliebe vermitteln wollte – zumeist ohne Erfolg. Virginia war auch nicht sonderlich begeistert von dem ländlichen Domizil der Freunde: »Am Samstag fuhren wir nach Tidmarsh. Der Landschaft als solcher können wir zumindest nichts Besonderes abgewinnen; obwohl das Haus & der Garten recht hübsch sind. Der Fluß schwemmt solche Massen geschmackloser Leute an; rote Häuschen an allen möglichen Stellen plaziert; Leute, die das Wochenende in Pangbourne mit Lederkoffern & Angeln verbringen.« (Tagebuch, 23. Juli 1918)

Durch die Lage am Wasser war auch das Hausinnere relativ klamm, und das bekam zweifellos weder der Bibliothek Stracheys noch ihrem hypochondrischen Besitzer. Also machte sich Carrington erneut auf die Suche nach einem Haus – eine Beschäftigung, die bei den Bloomsberries den Frauen vorbehalten zu sein schien. 1924 zogen sie in die Nähe von Hungerford, ins Ham Spray House, dessen Erwerb und aufwendige Renovierung sich Lytton Strachey nur leisten konnte, weil er inzwischen ein erfolgreicher und wohlhabender Autor geworden war. Während Tidmarsh eher pittoreske Züge hatte, handelte es sich bei Ham Spray um ein modernisiertes Landhaus aus der Zeit von Jane Austen mit einem großen und von Carrington hingebungsvoll gepflegten und bepflanzten Garten. Leonard und Virginia Woolf waren dort seltener zu Gast, doch findet sich in Virginias Tagebuch ein Reflex des ersten Besuches im Oktober 1924, der ihren Umgang mit dem Sichtbaren, mit der Natur erhellt – nur die Phantasie schafft die individuelle Rezeption, die aus dem Gesehenen das Erfundene macht. »Wir fuhren an einem regnerischen nebligen Tag nach Hamspray & stellten uns den Blick bei Sonnenschein vor; eine ebene Wiese, die zu den Downs führt, mit Baumgruppen wie Menschen, die sich unterhalten.« (Tagebuch, 1. November 1924)

Kurz vor Lytton Stracheys Tod kamen sie noch einmal, und vielleicht schärfte die angespannte Situation Virginias Wahrnehmung, um den Kontrast von Trauer im Haus und Harmonie in der Natur nahe Ham Spray zu erfassen: »[…] wie schön es ist, mit seinem kurzen Rasen, & den Baumgruppen & dem Down-Hügel, der sich erhebt, & dem Weg, der den Hügel hinansteigt […]. Ich sehne mich manchmal nach dieser versiegelten, stillen, fernen Gegend: sehne mich nach ihren kleinen Dörfern; […] den Straßen, die weiterführen nach Bath, nach Oxford, durch das wahre England.« (Tagebuch, 18. Januar 1932)

Virginia liebte schöne Gärten, schöne und weite Landschaften und das »wahre England«, aber während sie all denen, die mit Worten, Farben oder Noten künstlerisch kreativ waren, ihre kritische Bewunderung nicht vorenthielt – zumindest soweit dies ihren Briefen und Tagebüchern zu entnehmen ist –, konnten jene, die ihre schöpferische Phantasie für die Gartenkunst aufwendeten, kaum auf lobende Worte rechnen: Der Befund und manchmal die Beschreibung des jeweiligen Wirkens allein mussten gemeinhin für detaillierte Anerkennung einstehen.

Diese Anerkennung hätte sie streng genommen auch dem Garten von Durbins, dem Haus von Roger Fry in Guildford, entgegenbringen müssen, wo sie und Leonard mehrfach zu Gast waren. Fry war der Mentor der Bloomsbury Group in Fragen von Malerei und Design und der Mentor der britischen Kunstszene in Fragen moderner Künstler. Der Höhepunkt seines Engagements war die von vielen Kritikern angefeindete Ausstellung der französischen Postimpressionisten wie Cézanne und Gauguin 1910 in London, mit der er aus der Enge eines viktorianisch-edwardianischen Kunstverständnisses herausführen wollte. Nachdem er durch Clive Bell, den Kunstenthusiasten, im Bloomsbury-Kreis vorgestellt worden war, übernahm er dort sehr bald eine maßgebliche Rolle. Seine Verbindungen zu den Mitgliedern waren freundschaftlich und voller Zuneigung – besonders geneigt war er Vanessa Bell, deren Mann Clive sich seinerseits neu orientiert hatte. Auch Lady Ottoline Morrell gehörte kurze Zeit zu den Frauen, die ihm sehr nahe standen.

Aufgewachsen war Roger Fry in Highgate, im Norden Londons, wo sein Vater ein altes Haus mit einem großen Garten gemietet hatte, der einen weiten Blick bis nach Hampstead zuließ. Auch auf Fry hatten der Garten und die Naturerfahrung prägenden Einfluss, und als er ein Haus außerhalb Londons baute, um seiner nervenkranken Frau eine beruhigende Umgebung zu schaffen, galt der Anlage eines Gartens sein besonderes Interesse. In Guildford baute er inmitten von Pseudo-Tudor-Anwesen zum Entsetzen der konservativen Nachbarn ein sehr modernes, lichtdurchflutetes Haus, durch dessen große Fenster der Garten gleichsam optisch Einlass fand. Bei der Gestaltung der Grünanlage versicherte er sich des Rates der berühmten

Gertrude Jekyll, die das Terrain in ein Areal von Blumen, einen Rasen mit einem Wasserrosenteich, eine Fläche mit Spalierobst und einen Gemüsegarten unterteilte. Mit dieser prominenten Gärtnerin an seiner Seite unterschied sich Roger Fry in seinen Ambitionen durchaus von den Hobbygärtnern der Bloomsbury Group.

Zu den Menschen, die Virginia bei den Morrells traf, gehörte auch die neuseeländische Autorin Katherine Mansfield, die mit dem Literaturkritiker John Middleton Murry verheiratet war. Die beiden Schriftstellerinnen verband eine merkwürdige und höchst komplizierte Beziehung, die bestimmt war von Rivalität, Neid und Zuneigung, von Distanz und Intimität. Beide waren sich ihrer eigenen literarischen Kompetenz wie auch der der Kollegin bewusst und fanden einander mehrfach in intensiven Gesprächen über das Schreiben. Da Katherine Mansfield an Schwindsucht erkrankte, zogen sie und ihr Mann in den Nordwesten Londons, nach Hampstead, und damit in einen Vorort, der schon im 19. Jahrhundert für jene attraktiv war, die der schlechten Luft der Metropole entkommen wollten – erinnert sei nur an die Sonntagsausflüge von Karl Marx und seiner Entourage.

Wer heute aus der U-Bahn-Station Hampstead tritt, glaubt sich in eine englische Kleinstadt versetzt mit High Street und Parish Church, mit kleinen Geschäften und gastlichen Pubs. Virginia Woolf beschreibt Hampstead als einen Ort, in dem – warum auch immer – ständig Frühling ist: »Und wie durch ein Wunder ist Hampstead nicht ein Vorort oder ein Stück von der modernen Welt umschlossene, ja fast verschlungene alte Zeit, sondern ein Ort von eigenem, ganz besonderem Charakter geblieben. Kein Ort, wo man hingeht, um Geld zu machen oder auszugeben. Es ist geprägt durch alle Kennzeichen diskreter Zurückgezogenheit. […] Hampstead hat Stil und ist durchdacht, so als sei es für Leute mit bescheidenem Einkommen und einiger Muße gebaut, die Ruhe und Erholung suchen.« (LONDON, 45)

Es darf hier angemerkt werden, dass Hampstead schon lange nicht mehr Wohnungssuchenden mit bescheidenem Einkommen akzeptable Angebote macht; doch gilt die Gegend immer noch als jener Stadtteil der Metropole, in dem bevorzugt Künstler und Intellektuelle ihr Domizil haben. Möglicherweise ist das einer der Gründe gewesen, warum sich während der NS-Zeit viele Emigranten dort niederließen – am berühmtesten vielleicht Sigmund Freud, dessen Werke von der Hogarth Press der Woolfs verlegt wurden und dessen Haus – 20 Maresfield Gardens – besichtigt werden kann.

Auch die Woolfs hatten einmal überlegt, nach Hampstead zu ziehen, doch daraus wurde nichts, und sie kamen nun in den Norden der Stadt, um Freunde zu besuchen, spazieren zu gehen oder beides miteinander zu verbinden. Die Murrys waren in die East Heath Road gezogen, die der weiten und in manchen Teilen wilden Parkfläche von Hampstead Heath direkt gegenüberliegt. Nr. 17 ist ein etwas unförmiges Haus, das Katherine Mansfield seinerzeit wegen des grauen Anstrichs »Elefant« nannte. Heute ist es gelb gestrichen, hat einen kleinen Vorgarten und die obligate blaue Plakette, die auf die prominente frühere Bewohnerin verweist. Die Durchgangsstraße vor dem Haus kann man an sonnigen Tagen und Sonntagen kaum überqueren, da sie von den Autos der Londoner Ausflügler okkupiert wird – übrigens ein Problem, dem sich schon Virginia Woolf ausgesetzt sah, als sie ebendort Sorge hatte, von einem unbesonnenen Automobilisten überfahren zu werden. Sie und ihr Mann wanderten häufig über die Heide; Leonard lief auf den *ponds* Schlittschuh, und im Frühling ließ man sich wohl kaum die Pracht der in verschwenderischer Fülle blühenden Rhododendren in der Nähe von Kenwood House entgehen. Vor allem die vielen Grünflächen, die Hampstead zu der Gartenstadt machen, als die sie früher in Immobilienangeboten firmierte, bestimmten für Virginia den Reiz der Örtlichkeiten.

Wenn man die East Heath Road weiter bergab Richtung Süden geht und dann rechts in die kleine Straße Keats Grove einbiegt, kommt man zu einem anderen »Dichterhaus«, das man aber besichtigen kann; dies war das Wohnhaus von John Keats, in dem er von 1818 bis 1820 lebte. Es ist ein kleines, weißes Gebäude, tief in einem recht großen Garten mit hohen Bäumen, Blumenbeeten und einer gepflegten Rasenfläche gelegen, dessen Anlage vorgeblich noch dem ursprünglichen Entwurf entsprechen soll. Das Haus hat wenig Museales, und fast wirkt die Grünanlage beeindruckender als das Gebäude mit seiner sehr schlichten Ausstattung. Deshalb wundert es nicht, dass Virginia Woolf die Wohnstätte mit einer starken Empfindung für die Wirkung des Gartens beschreibt:»Die windbewegten Zweige veranstalten Schattenspiele auf den niedrigen Wänden, der im Zimmer Lesende muß wie gesprenkelt gewesen sein von der Sonne und dem Schatten der Blätter [...]. Die Stimme des Hauses ist die Stimme des Windes, der durch die Blätter streicht, die Stimme von knackenden Zweigen im Garten.« (LONDON, 46)

Auch der Baum, auf dem die Nachtigall in Keats' berühmtester Ode sang, gehört zum naturhaften Ambiente, und das ist es, was auf Virginia Woolfs Imagination einwirkte. Sie hat Haus und Garten mehrfach besichtigt – einmal zusammen mit Vita Sackville-West, wie diese in ihrem Tagebuch schreibt –, und vielleicht ist die Sensibilität für die hier gestaltete Natur auch von der begleitenden Freundin beeinflusst worden. Am Schluss ihres Textes über den Besuch »bei Keats« geht die Autorin, als sei sie schon zu tief in die Natur eingedrungen, zurück in den gegenüberliegenden Park, der hier Parliament Hill heißt, und wendet den Blick wieder auf die Stadt, die unter ihr liegt: »Man sieht London als Ganzes – zusammengedrängt, massig und dicht bevölkert, mit seinen beherrschenden Kuppeln, seinen beschützenden Kathedralen, seinen Schornsteinen und Türmchen […]. Da hat es seit undenklichen Zeiten gelegen und hat diesem Stück Erde immer tiefere Wunden geschlagen, es immer unbehaglicher gemacht, immer mehr zusammengeballt, mit Lärm und Unruhe erfüllt und ihm so eine untilgbare Narbe zugefügt.« (LONDON, 48)

Wie zum Trost aber schweift der Blick dann über die Stadt hinaus, in den Süden des Landes, wo »es bewaldete Hügel [gibt], in denen Vögel singen« und auch andere Tiere leben. Diese Gegensätze von Stadt und Land, von Mauern und Natur, von Lärm und Ruhe sind bedeutsame Markierungen im Leben von Virginia Woolf, wobei sie das Land, die Natur ersehnt, wenn sie in der Stadt ist, und andererseits die *countryside* zuweilen fliehen möchte, um in den Tumult der Straßen einzutauchen.

Von allen Menschen, die ihr freundschaftlich nahe standen, ist der wichtigste noch nicht genannt. 1922 lernte Virginia Woolf Vita Sackville-West kennen, Mitglied der Hocharistokratie, Schriftstellerin, Dichterin, Ehefrau des Diplomaten Harold Nicolson, Mutter zweier Söhne und im Rufe stehend, dem eigenen Geschlecht sehr zugeneigt zu sein. Nach ihrer ersten

Begegnung zeigte sich Virginia Woolf gleichermaßen irritiert und fasziniert von der außerordentlich selbstsicher auftretenden Frau. In ihrem Tagebuch schreibt sie, dass sie die schöne, begabte Aristokratin Sackville-West getroffen habe: »Nicht besonders nach meinem eher strengen Geschmack – blühend, bärtig, sittichfarben, mit der ganzen aristokratischen Gewandtheit und Ungezwungenheit, aber ohne künstlerischen Esprit. […] Das aristokratische Benehmen ähnelt dem von Schauspielerinnen – keine falsche Schüchternheit oder Bescheidenheit: beim Dinner fiel ihr eine Perle auf den Teller – die sie Clive gab – bittet um Likör – mischt überall mit – vermittelt mir das Gefühl, jungfräulich, schüchtern & schulmädchenhaft zu sein. Doch nach dem Dinner stieß ich meine Ansichten hervor. Sie ist ein Grenadier; hart; gutaussehend, männlich; mit Neigung zum Doppelkinn.« (15. Dezember 1922)

Virginia Woolf ist damals vierzig Jahre alt, Vita Sackville-West zehn Jahre jünger. Was hier mit derart vielen Vorbehalten begann, entwickelte sich zu einer engen Freundschaft, die zu einer mehr oder minder leidenschaftlichen Liebesbeziehung wurde, um nach einer gewissen Zeit und mancherlei Irrungen wieder in die ruhigen Bahnen einer Freundschaft zurückzufinden, bei der als Unterton aber immer noch Liebe zu spüren war.

Vita [Victoria Mary] Sackville-West wurde 1892 auf einem der größten und beeindruckendsten Herrensitze Englands geboren: Schloss Knole in Kent. Dieses Herrenhaus mit angeblich so vielen Zimmern, wie das Jahr Tage hat, schenkte Königin Elizabeth im 16. Jahrhundert ihrem Günstling Sackville. Es ist eine Stadt im Kleinen, und die junge Vita betrachtete das riesige Anwesen, das ihre Kindheit und Jugend bestimmte, als ihr Erbe. Wahrscheinlich der größte Verlust in ihrem Leben ergab sich aus der Tatsache, dass Knole nur an einen männlichen Nachkommen übergehen konnte, Vita also nach dem Tode ihres Vaters keinerlei Rechte mehr an diesem riesigen Besitz hatte. Schon früh fing sie an zu schreiben und produzierte in schneller Abfolge Texte unterschiedlichster Art. Nach ihrer Heirat mit dem Diplomaten und Diplomatensohn Harold Nicolson begann ihre Karriere als Schriftstellerin erst richtig; sie veröffentlichte Romane und Kurzgeschichten, doch ihr Traum war es, als erfolgreiche Dichterin in der literarischen Welt Anerkennung zu finden.

Als sie und Virginia Woolf einander trafen, war dies die Begegnung zweier Autorinnen unterschiedlicher Reputation, unterschiedlichen Selbstbewusstseins und unterschiedlichen Erfolges. Während Virginia Woolf im Zusammensein mit Katherine Mansfield die Gleichartigkeit trotz differierender Schreibweisen spürte und deshalb Rivalität empfand, fühlte sie sich Vita Sackville-West als Schriftstellerin überlegen – und fand damit die Möglichkeit, zuweilen auftretende soziale Minderwertigkeitskomplexe zu kompensieren. Zugleich aber war es auch das Selbstbewusst-Aristokratische an Vita, was deren Attraktivität für Virginia ausmachte. Nachdem man sich etwas länger kannte, schrieb sie ins Tagebuch: »Vita war den ganzen Sonntag hier, glitt in ihrem großen neuen blauen Austin durchs Dorf, den sie perfekt zu handhaben weiß. Sie trug einen gelben Ringelpullover & einen großen Hut & hatte ein Reisenecessaire voll mit Silber & Nachthemden, die in Seidenpapier gewickelt waren. [...] mir gefällt, daß sie hochwohlgeboren ist; & sie ist es wirklich; eine vollkommene Dame, mit dem ganzen Schwung & der Beherztheit der Adeligen & weniger von deren Infantilität, als ich erwartet hatte. Sie ließ uns eine Geschichte da, die mich wirklich ziemlich interessiert. [...] sie hat den alten Wortwust hinter sich gelassen & sich jetzt mit einer Art Schimmer von Kunst angefreundet; das ist mein Eindruck; & ich staune in der Tat über ihre Kunstfertigkeit & Sensibilität; denn ist sie nicht Mutter, Ehefrau, Grande Dame, Gastgeberin, und schreibt gleichzeitig? Wie wenig ich von alldem tue: ich könnte meinem Hirn niemals in vierzehn Tagen die stattliche Summe von 20 000 Wörtern abzapfen, & also muß es mir wohl entscheidend an Energie mangeln.« (15. September 1924)

Trotz vorgeblicher Bescheidenheit ist hier zu spüren, dass Virginia Woolf Qualität gegen Quantität aufrechnet und mit ihrer Unfähigkeit zu rascher Produktion kokettiert. Aber immerhin: Die Fähigkeit von Vita Sackville-West, schnell und erfolgreich zu schreiben, und die Bereitwilligkeit, ihre Werke, die hohe Auflagen erreichen, der Hogarth Press zur Veröffentlichung zu übergeben, sorgen dafür, dass der kleine Verlag beachtlich prosperiert.

Neben der »geschäftlich-gesellschaftlichen« Beziehung zwischen den beiden Frauen gewann die »emotional-private« immer mehr an Bedeutung, und Virginia Woolf musste erstaunt feststellen, dass sie von der Persönlichkeit Vitas sehr beeindruckt war. Als sie hörte, dass Harold Nicolson an die britische Botschaft in Teheran versetzt wurde und seine Frau ihm folgen sollte, schloss sie aus ihrer Unruhe über die zukünftige Trennung, dass ihr Vita etwas zu bedeuten scheint und sie die Freundin aufrichtig gern haben müsse. Sie wusste um den Ruf, den Vita als Liebhaberin von Frauen hatte, und sie hatte auch von Gerüchten gehört, die sich um die Amouren der Aristokratin rankten, doch die Geschichte des Skandals aus der Frühzeit der Ehe von Vita Sackville-West und Harold Nicolson wurde erst nach dem Tode des Paares in allen Einzelheiten bekannt.

Nigel Nicolson, der jüngere Sohn, fand im Nachlass seiner Mutter deren Aufzeichnungen über ihre mehrjährige, turbulente Beziehung zu Violet Trefusis, der Tochter von Mrs Keppel, einer Geliebten König Edwards VII., und veröffentlichte diesen Aufsehen erregenden Text unter dem Titel PORTRAIT OF A MARRIAGE. Mehrfach hatte Vita versucht, mit Violet und aus ihrer Ehe zu fliehen, und immer gelang es ihrem Mann, sie nach Hause und zu den Kindern zurückzuholen – einmal sogar zusammen mit Violets Mann in einem gecharterten Flugzeug. Diese energische Aktion war es wohl, die für die ebenso energische Vita Sackville-West den Wendepunkt in ihrer Ehe insofern brachte, als sie und ihr Mann von nun an zwar nicht auf außereheliche Beziehungen jeweils zum eigenen Geschlecht verzichteten, jedoch das glückliche Fortbestehen ihrer Ehe zur obersten Maxime erhoben.

In diese androgyne, willensstarke und kreative Frau verliebte sich Virginia Woolf, und sie verliebte sich dabei auch in mütterliche Fürsorge und zärtliche Betreuung. Vita offerierte ihr all jene Verhaltensweisen, die Virginia seit dem Tode ihrer Mutter vermisst hatte und die sie, da lebensnotwendig, von den ihr Nahestehenden wie Leonard und Vanessa einforderte. Da Vita aber auch ein weiblicher Don Juan war und die Bestätigung ihrer erotischen Macht und ihrer Fähigkeit, Leidenschaft zu erwecken, in immer neuen Affären suchte, konnte ihr Verhältnis mit Virginia Woolf nicht von Dauer sein. Doch 1925 war man noch in der Phase der langsamen Annäherung, und ihr Briefwechsel verrät liebevolle Zuwendung und recht deutliches Werben.

Vita und Harold hatten ein Haus, 182 Ebury Street, in London und Long Barn, ein großes Anwesen in der Nähe von Sevenoaks, das wiederum nicht weit von Knole liegt. Beide wurden im Laufe der Jahre zu begeisterten Gestaltern ihres Gartens, der für Vita immer mehr an Bedeutung gewann. Und so war es nur konsequent, dass sie manche Freundlichkeit an Virginia durch Blumen übermitteln ließ. Im September 1925 schreibt sie nach Monk's House: »Ich habe einen winzigen Garten mit Alpenblumen in einem alten Steintrog angelegt – Eine echte Freude. [...] Soll ich für Dich noch einen winzigeren anlegen? in einer Keimschale mit Liliput-Felsen? Ich bringe ihn nächste Woche mit. Aber Du mußt freundlich mit ihm umgehen und ihn nicht vernachlässigen. (Das paßt zu der Theorie, daß Menschen, die auf dem Land leben und Blumen mögen, gut sind.)« Zu diesem Zeitpunkt konnte Virginia sicher noch dieser Theorie zustimmen – einige Jahre und mehrere Liebschaften Vitas später vielleicht nicht mehr. Im Dezember – Virginia war wieder krank, aber nicht ernsthaft – lud sie sich nach Long Barn ein; sie wollte sich erholen, rechnete auf Schonung mit spätem Erwachen und Frühstück im Bett, aber die Nächte wurden lang mit Gesprächen und anderen Aktivitäten, die man als Beginn ihrer Liebesbeziehung verstehen kann.

Virginia Woolf war häufig in Long Barn, übernachtete dort wohl auch so oft wie Vita in Monk's House, und nach ihrer Beschreibung machte das Anwesen einen ähnlichen Eindruck auf sie wie seinerzeit Garsington: »Zurück aus Long Barn. Gott sei Dank mußte ich mich kein einziges Mal umziehen. Eine derartige Opulenz & Freiheit, alle Blumen blühen, Butler, Silber, Hunde, Teegebäck, Wein, warmes Wasser, Holzfeuer im Kamin, italienische Vitrinen, Perserteppiche, Bücher – das war der Eindruck, der entstand: als würde man in ein rollendes, heiteres Meer mit hübsch schäumenden Wellen hineinspazieren [...] Vita sehr opulent, in ihrem braunen Samtmantel mit den ausgebeulten Taschen, Perlencollier, & leicht pelzigen Wangen. (Sie haben die Konsistenz von Wollzist, von dem sie mir einen großen Strauß pflückte.)« (Tagebuch, 4. Juli 1927)

Wollzist (oder -ziest) ist eine Staudenpflanze mit silbrig schimmernden, wolligen Blättern, die stark behaart sind; sie ist in Vorderasien und Persien beheimatet. Vielleicht hat Vita dieses Gewächs von ihrem Aufenthalt in Teheran mitgebracht; auffällig aber ist, dass Virginia, deren Kenntnisse im Bereich von Flora und Fauna nicht sonderlich ausgeprägt sind, dann den Namen eines Gewächses behält, wenn sie damit Assoziationen und Erinnerungen verbinden kann – und seien es hier welche an die immer leicht schnurrbärtige Vita.

Garten und Pflanzen wirken sehr stark auf die Phantasie Virginia Woolfs – und ihre Phantasie wiederum bemächtigt sich der sie umgebenden Natur. Wenn sie an Ereignisse ihrer Jugend denkt – an ein Gespräch mit dem trauernden Witwer Jack Hill oder an den Bericht von einem Selbstmord in St. Ives –, denkt sie an Bäume, die sie während des Gesprächs sah, an Äste und Blätter, in denen sich die Gedanken und Gefühle verfangen; ein Apfelbaum figuriert in der Erinnerung als Todessymbol. Und auch die Vorfreude auf einen Besuch Vitas in Rodmell, bei dem sie zwei Tage allein miteinander verbringen werden, findet ihren Ausdruck in einem sinnlichen Blick auf den sommerlichen Garten, wenn sie an ihre Schwester schreibt: »[...] die Juni-Nächte sind lang und warm; die Rosen blühen, und der Garten ist voll mit Wollust und Bienen, die sich im Spargelbeet vereinigen.« (13. Juni 1926)

Ein Thema ist der Garten in der Korrespondenz zwischen Virginia und Vita nur selten – genauer: Vita berichtet häufiger in ihren Briefen von ihrem Garten und ihrer Gartenarbeit, Virginia kaum, schließlich ist Leonard der Gärtner. Wenn Virginia von einem Tag in ihrem Leben berichtet, hören wir meistens vom Schreiben, von eingehender Lektüre, von Treffen mit Freunden und von langen Spaziergängen; wenn Vita hingegen auf einen Tag zurückblickt, schreibt sie zum Beispiel: »Dieser Rausch der Einsamkeit ... Den ganzen Tag über jäte ich – eine prima Kartoffelernte wächst in den neuen Blumenbeeten heran –, führe die jungen Hunde durch die Butterblumen aus, höre den Kuckuck, sehe ihn sogar [...].« (Brief an Virginia, 29. Mai 1926) Für Vita ist der Garten ein Betätigungsfeld ihrer praktischen Energie, ihrer auf die Natur gerichteten Kreativität; Schreiben, Dichten, Pflanzen sind verschiedene Formen ihrer schöpferischen Fähigkeiten, und sie schuf sich in ihrem Leben zahlreiche Möglichkeiten, dieses Potential zu aktivieren.

Die erste große Gelegenheit bot sich ihr bei der Gestaltung des Gartens von Long Barn; hier sammelten sie und ihr Mann Erfahrungen bei der Renovierung und dem Umbau alter Gebäude und der Schaffung einer großen Grünanlage. Am Anfang ihrer Arbeit konnten sie sich gleich der Hilfe und Beratung durch die damals berühmtesten Experten versichern. Vitas Mutter, Lady Victoria Sackville, war befreundet mit dem prominenten und gefragten Architekten Edward Lutyens, der wiederum eng mit Gertrude Jekyll zusammenarbeitete. Und so war es selbstverständlich, dass Vita mit ihrer Mutter nicht nur Lutyens aufsuchte, sondern auch seiner Mentorin ihre Reverenz erwies und deren Garten an ihrem Haus Munstead Wood in Surrey besichtigte. Vita äußert sich etwas despektierlich über die damalige Doyenne englischer Gartenkunst, wenn sie schreibt, dass Jekyll ziemlich dick und brummig sei und ihr Garten sich nicht in bestem Zustand befinde, doch könne man – so muss sie einräumen – seine Schönheit erkennen. Vitas Mutter ergänzt, Jekyll sei vierundsiebzig, sehr hässlich, jedoch mit frischer, klarer Haut und einem freundlichen Lächeln. Viel wichtiger aber war der Einfluss, den Gertrude Jekyll auch auf die Gartengestaltung von Nicolson und Sackville-West gehabt haben dürfte. Jekyll ihrerseits war stark beeinflusst von dem Arts and Crafts Movement und von William Morris, der mit einer gegen die Industrialisierung des ausgehenden 19. Jahrhunderts gerichteten Auffassung von Kunst und Design wieder Natürlichkeit und Einfachheit in die künstlerische und handwerkliche Gestaltung bringen wollte. Die Arts-and-Crafts-Bewegung suchte ländliche Traditionen und Handfertigkeiten erneut einzuführen, die im Maschinenzeitalter verdrängt worden waren. Und diese Leitbilder bestimmten natürlich auch und besonders das Gartendesign, denn gerade hier wurde versucht, für die Harmonie von Mensch und Natur neue Grundlagen zu entwickeln. Dabei war es ein erklärtes Anliegen dieser Gartengestalter, von Menschengeist und -hand geschaffene Strukturen mit einer üppigen, scheinbar natürlichen Bepflanzung zu verbinden, also die Ästhetik der Fülle mit der einer gegliederten Ordnung zu verknüpfen.

Vita Sackville-West war in Long Barn am Beginn ihrer Karriere als eine der bedeutendsten und erfolgreichsten Gartengestalterinnen Englands, und ihre Hinwendung zur Gärtnerei war genau das, was ihre Mutter als eine geeignete und gesellschaftlich akzeptable Beschäftigung für eine Lady erachtete, weshalb sie es sich nicht nehmen ließ, den jungen Haushalt in Long Barn vor allem in Hinblick auf die Anlage des Gartens zu unterstützen – sei es durch die Bezahlung eines Gärtners, sei es durch den Kauf von nicht immer erwünschten Pflanzen. Während

Vita den Rat von Gertrude Jekyll gesucht hatte, ließ sich Harold von Edward Lutyens bei dem Ausbau des Hauses und bei der Anlage des *Dutch garden* helfen. Auf dem großen Grundstück gab es viele kleinere Parzellen, die ansatzweise das Gliederungsprinzip von Jekyll verwirklichten. Auch ein Tennisplatz für sommerliche Matchs war vorhanden – Vita spielte gern und kämpferisch –, und ein Teich wurde im Lauf der Zeit in einen Swimmingpool umgewandelt. Für die kleine Familie – 1914 war Ben, 1917 Nigel geboren – war das Areal in der Nähe von Sevenoaks eine ruhige und beruhigende Idylle, die Zuflucht und Gartenatelier gleichermaßen bedeutete. Während der Irrungen und Wirrungen der Violet-Affäre waren es vielleicht auch die Ruhe und Geborgenheit, die Blumen und die Schönheit von Long Barn, die Vita wieder zu ihrer Familie zurückbrachten.

Dieser Garten war nicht nur Vitas bevorzugtes Betätigungsfeld – er wurde auch zunehmend wichtiger für ihre emotionale Existenz. In ihren Briefen an Virginia schreibt sie fast immer auch einige Worte über den jeweiligen Zustand des Gartens, über Blühendes oder Verwelktes, über Zufriedenheit am Tage oder Träumereien am Abend. Eine Einladung an die Woolfs – »Kommt beide am Samstag« – relativierte sie mit dem Hinweis: »auch wenn bis dahin alle Lupinen und Iris vergangen sind und nichts ihre Stelle eingenommen haben wird und Leonard (der Gärtner ist) meinen Garten scheußlich finden wird.« (Brief vom 2. Juni 1926) Oder eine Aufforderung an Virginia, sich mit ihrem Kommen zu beeilen, begründete Vita folgendermaßen: »Ich wünschte, Du könntest meinen Garten sehen. Er ist wirklich hübsch, und das wird vorüber sein, wenn Du nicht bis zur übernächsten Woche kommst.« (20. Mai 1927) Aber Virginia war hauptsächlich an der Gärtnerin interessiert und reagierte kaum auf Vitas Feststellungen. Für diese waren ihre Gärten – erst Long Barn, später Sissinghurst – ein zentrales Thema, das sie sicher gerne mit ihrer Freundin geteilt hätte, doch sie stellte etwas resigniert fest, dass Leonard der Gärtner sei und folgerte daraus ein gewisses Desinteresse von Virginia an ihrem wesentlichen Lebensinhalt. Während Vitas andere Freundinnen zuweilen sogar liebevoll bei der Gartenarbeit halfen, ist dies von Virginia nicht bekannt. Gärten sind für sie Gegenstände der Phantasie, der Dichtung, Anlass zu Erinnerungen, zur Evokation von Erlebnissen, zur Rückschau auf den Genuss der Naturerfahrung; bei Virginia initiieren sie Kreativität, die zu Texten wird, bei Vita fordern sie ebenfalls eine Kreativität heraus, die sich aber vor allem auf den Garten selbst richtet. Zwar werden Gärten auch bei ihr zu Themen poetischer Texte (wie in THE GARDEN oder SISSINGHURST), doch eher sind sie Gegenstand praktischer Schriften, die Ratschläge für Gartenliebhaber erteilen. Es ist vielleicht diese unpoetische Pragmatik, die Virginia davon abhielt, auf das zentrale Thema ihrer Freundin einzugehen und es mit ihr zu diskutieren.

Dennoch war Virginia gerne in Long Barn und genoss den Aufenthalt und das Zusammensein mit Vita (so etwa beschrieben im Tagebuch, 23. Juli 1927), aber im Laufe der Zeit machte ihr die Untreue ihrer Freundin zu schaffen, und sie begann, stärker über ihre Beziehung zu reflektieren – eine Reflexion im Übrigen, die in den Entwurf und die Niederschrift von OR-LANDO mündete. Inzwischen war in das kleine Cottage auf dem Grundstück von Long Barn ein australischer Dichter mit seiner Frau eingezogen, und Vita verliebte sich wieder einmal, ohne die Reaktionen des eifersüchtigen Ehemannes zu bedenken. Während sonst eher Vita die Helfend-Mütterliche in der Verbindung mit Virginia war, durfte diese nun die Klagen hören, wenn die Beziehungen ihrer Freundin problematisch zu werden drohten – ohne dass sie immer weiß oder wissen will, was Vita gerade wieder anstellt:»In Long Barn gestern, guter ziemlich glücklicher Besuch. Mich interessiert, wie die Schichten einer Freundschaft abbröckeln; wie man unvermerkt zu anderen Voraussetzungen übergeht; die Dinge leichter nimmt; sich fast gar nicht über Kleidung oder anderes Gedanken macht; die Atmosphäre kaum als aufregend empfindet, was auch seine Nachteile hat, gegenüber der ›prickelnden‹ Situation: doch es ist normaler, vielleicht tiefer. Lagerte bei den Johannisbeerbüschen & hielt Vita einen Vortrag über ihr nonchalantes Verhalten gegenüber den Campbells, beispielsweise. Mrs C. bekommt Schläge von ihrem Mann, bloß weil Vita im Triumph & ihren Adelszacken & ihren Lakaien in das Leben einer Heringsköchin einziehen mußte.« (Tagebuch, 7. Juli 1928)

Wenn Virginia hier – ohne es explizit so zu benennen – die Eifersucht eines Ehemannes beschreibt, dem die Frau untreu wurde, dann wundert es etwas, dass sie in ihren Tagebüchern oder Briefen kaum die zu vermutende Eifersucht von Leonard oder Harold thematisiert. Ihre aber wird häufiger deutlich, wenn man die Briefe an Vita mit maliziösen Bemerkungen oder die Tagebuchnotizen mit resignativen Feststellungen liest. Long Barn steht in der Beziehung der beiden Frauen symbolisch für den Anfang und den Höhepunkt zugleich; sehr bald sah sich die jüngere und libidinös unruhigere Vita in dem Liebesverhältnis nicht mehr genug gefordert und orientierte sich anderweitig, ohne jedoch Virginia gänzlich zu vernachlässigen.

Die Abenteuer und Herausforderungen, die Vita suchte, waren aber noch anderer Art. Da sie befürchten musste, dass sich in der Nachbarschaft von Long Barn lästigerweise eine Geflügelfarm niederlassen könnte, begab sie sich auf die Suche nach einer neuen Heimstatt – und sie fand Sissinghurst Castle. Sie fand die Ruine eines verwunschenen Schlosses, das sich inmitten matschiger Wiesen und großer Müllberge erhob und dessen Reiz für sie darin bestand, dass das Anwesen früher im Besitz der Sackvilles war, also eine Kompensation für den Verlust von Knole darstellen konnte.

Die Familie war anfangs nicht sonderlich begeistert, doch Harold, der gerne Architekt geworden wäre, ahnte die Möglichkeiten, die in Haus und Ländereien steckten; also kaufte man 1930. Und damit begann für Vita eine gänzlich andere Art von Liebesgeschichte, die länger, beständiger und für die Mit- wie Nachwelt schöner und bunter war als alle ihre anderen Amouren. Und auch Virginia sollte in dieser Geschichte noch eine, wenn auch kleine Rolle spielen.

Sieht man Bilder von Sissinghurst aus dem Jahr des Erwerbs, muss man den Mut und die visionären Fähigkeiten der Nicolsons bewundern, die sich von Müll und Matsch nicht abschrecken ließen, sondern planten, bauten, pflanzten und säten und damit den wohl schönsten Garten Englands schufen. Das Castle selbst besteht recht eigentlich nur aus einem Turm, der zugleich Tor ist und in dem sich Vita hoch oben mit Blick auf den *Weald* von Kent ihr Arbeitszimmer eingerichtet hatte. Niemand durfte sie hier stören, und wenn ihr Sohn Nigel berichtet, dass die Kinder nur wenige Male in all der Zeit dort oben waren, dann sagt das nicht nur etwas über ihren Arbeitseifer, sondern auch über ihre Beziehung zu den Kindern aus. Heute drängen sich die Scharen der Besucher – hier sind es meistens Besucherinnen – auf der Treppe des Turmes, in der Hoffnung, mit einem Blick durch die Gittertür in das Zimmer noch einen Blick auf eine imaginierte Vita tun zu können. Alles scheint noch so zu sein, wie sie es bei ihrem Tode 1962 hinterließ, vielleicht ein wenig verblichener, aber nicht museal geworden. Frisch sind allein die Blumen, die in einer Vase den Garten auf den Schreibtisch stellen – aber auch das war wohl immer so. Wie schon bei dem Besuch von Monk's House hat man auch hier das Gefühl, einen Blick in die Privatheit zu tun, der sich eigentlich nicht gehört. Und wenn man das Foto von Virginia Woolf auf dem Schreibtisch sieht, meint man, eine gedankliche Verbindung herstellen zu können zwischen der abgeschiedenen *writing lodge* von Virginia *in* einem Garten und dem ebenso isolierten Arbeitsraum von Vita *über* einem Garten.

Die Wohn- und Lebensräume der Nicolsons waren über das Grundstück verteilt: In der einen Ecke steht das South Cottage, das Harold und Vita bewohnten, in der anderen Ecke das Priest's House, in das die Söhne zogen; dort war auch die Küche. Bei gutem wie schlechtem Wetter waren also immer Wanderungen durch Garten und Schlosshof notwendig. Der eigentliche Lebensraum des Ehepaares aber war der Garten, und hier verbanden sich die poetische Kreativität von Vita mit der exakten Organisation von Harold; sie bestimmte, was gepflanzt werden sollte, welche Blumen und welche Farben zusammenpassten, und er legte fest, wo und in welcher Anordnung Zwiebeln, Stauden und Bäume hinzuzusetzen wären.

Beide konnten jene Erfahrungen nutzen, die sie vor vielen Jahren durch die Hilfe von Gertrude Jekyll und Edward Lutyens hatten machen können. Vielleicht war es die Tatsache, dass Gertrude Jekyll die Gartengestaltung zu den schönen Künsten rechnete, die Vita und Harold, beide kreative Menschen, so für die

Prinzipien der erfahrenen Gärtnerin einnahmen. Diese Prinzipien schienen einfach zu sein, verlangten aber in ihrer Anwendung Konzentration auf das Wesentliche und zugleich individuelle Entfaltung. Ein ungeschriebenes Gesetz von Gertrude Jekyll lautete, so sagt man, jeder Garten solle seinen eigenen Charakter haben; er sei nicht einfach nur eine Ansammlung von Pflanzen, sondern ein Kunstwerk, das zuerst in der Imagination des (Garten-)Künstlers entstehe. Es ist also wichtig, das Ganze im Auge zu haben, bevor man sich an die Einzelheiten macht. Dabei gilt es, das Material (also die Pflanzen), die zu gestaltende Fläche (also den Grund) und die beabsichtigte Wirkung (also die Größe, die Farbe und die Blütezeit der Pflanzen) zu beachten. Der Garten ist in mehrere kleinere abgeschlossene Gärten unterteilt, die gewissermaßen – da durch Hecken oder Mauern umfriedet – den Charakter von Wohnzimmern im Freien angenommen haben. Die Beete sind abgezirkelt, manchmal fast geometrisch genau und durch Blumeneinfassungen abgegrenzt. Jeder Teil des Gartens sollte einer Jahreszeit besonders verpflichtet sein, aber es ist anzustreben, dass immer irgendwo etwas blüht und die Farben der Blumen einen speziellen Effekt erzielen.

Diesen Prinzipien folgend, ist das Vita Sackville-West in Sissinghurst besonders mit dem »Weißen Garten« gelungen, der aber in seiner vollen Pracht erst nach ihrem Tode blühte. Für die zahllosen Besucher von Sissinghurst stellt der »Weiße Garten« den horticultürlichen Höhepunkt dar, doch eigentlich ist es das gesamte Ensemble, das zur Besichtigung einlädt; allerdings wird man heute nur noch mit streng terminierten Eintrittskarten in Schloss und Garten gelassen. Während früher die Besucher oft Vita trafen, die auf dem Grundstück nach dem

Rechten sah, ist heute eine Begegnung mit ihrem Sohn Nigel möglich, der dort lebt und arbeitet.

Virginia und Leonard Woolf, die häufig in Long Barn zu Gast waren, kamen nach Sissinghurst nur selten zu Besuch, obwohl das Castle kaum weiter von Rodmell entfernt lag als der Besitz nahe Sevenoaks. Trotz der beginnenden Entfremdung hatte Vita 1931 das Gedicht mit dem Titel SISSINGHURST Virginia gewidmet, in dem sie den besonderen Zauber jenes Schlosses und seines – noch *in statu nascendi* befindlichen – Gartens beschreibt, der für sie die Essenz ihrer neuen Liebe ausmachte. Vielleicht ist die Widmung auch eine Art Revanche für Virginias ORLANDO, den diese Vita insofern viel eindrücklicher zueignete, als er die fiktive Biographie der Freundin darstellt; einige Verse am Anfang des Gedichtes scheinen jedenfalls Hinweise auf den Roman zu enthalten:

A tired swimmer in the waves of time
I throw my hands up: let the surface close:
Sink down through centuries to another clime,
And buried find the castle and the rose.
[...]
Here, tall and damask as a summer flower,
Rise the brick gable and the springing tower;
Invading nature crawls
With ivied fingers over rosy walls [...][1]

1 Ein müder Schwimmer in den Wellen der Zeit, erhebe ich meine Hände und lasse die Oberfläche sich schließen. Sinke hinab durch die Jahrhunderte in eine andere Gegend und finde begraben das Schloss und die Rose.
[...]
Hier, hoch und damasten wie eine Sommerblume, erheben sich der Backsteingiebel und der aufschießende Turm; die eindringende Natur kriecht mit Efeufingern über rosige Mauern [...]

Das Schloss und der Rosenstrauch sind Attribute der Existenz Orlandos, während der Sturz durch die Zeit das zentrale Motiv der (fiktiven) Biographie beschreibt – und so träumt sich Vita mit dem Gedicht in ihre imaginäre, von Virginia geschaffene Vergangenheit. Die Freundin ist aber nur noch in der Widmung, nicht mehr in der poetischen Gemeinsamkeit anwesend.

Für Virginia verschwindet Vita gleichfalls langsam aus den Träumen, auch wenn Sissinghurst, auch wenn Kent insgesamt für sie immer noch zu jenem Teil von England gehört, den sie besonders liebt: »Wir sind nach Sissinghurst gefahren [...] & es war ein schöner gänsegrauer Morgen. Sonderbar, wie Sussex in Kent übergeht. Die schrägen Hopfendarren bewirken das, glaube ich: dann die kleinen versunkenen Dörfer [...] Harold kam in einem zerrissenen Jackett heraus: Vita in Reithosen & rosa Hemdbluse. [...] Dann aßen wir kalten Lachs & Himbeeren & Sahne & kleine marmorierte Pralinen, ein Geschenk von Lady Sackville, die ihnen jetzt zu Füßen liegt, & tranken eine Menge Getränke; & stiegen dann in Vitas Turm hinauf; wunderschöne rosa Ziegel; aber wie in Knole, nicht viel Ausblick [...].« (Tagebuch, 29. März 1932)

Vielleicht könnten es gerade die Natur- und Landliebe von Vita sein, ihre Leidenschaft für Blumen und Gärten, die ihrer Leidenschaft fürs Schreiben abträglich waren und die damit die Distanz zwischen den beiden Frauen vergrößerten. Insofern ist Sissinghurst, Vitas große Liebe, wohl einer der Gründe, warum ihre andere Liebe, Virginia, sich noch stärker zurückgesetzt und ihre gemeinsamen schriftstellerischen Interessen gewissermaßen verraten sieht. Ein weiterer Aufenthalt in Sissinghurst markiert deutlich, wie im Tagebuch vermerkt wird, den Wendepunkt ihrer Beziehung: »Dann am Sonntag fuhren wir nach

Sissinghurst: im bitteren Wind mit der Landschaft in ihrem Junigrün & -blau vor dem Fenster ausgebreitet. Nun gibt es eine merkwürdige Beobachtung, die ich machen muß. Meine Freundschaft mit Vita ist vorbei. Nicht mit einem Streit, nicht mit einem Paukenschlag, sondern wie eine reife Frucht abfällt. Nein, ich werde nicht nach London kommen ehe ich nach Griechenland fahre, sagte sie. Und dann stieg ich ins Auto. Aber ihre Stimme, die vor dem Turmzimmer ›Virginia?‹ sagte, war bezaubernd wie eh und je. Nur daß dann nichts passierte. Und sie ist sehr dick geworden, sehr die träge Dame der Grafschaft, ins Kraut geschossen, jetzt ohne Neugier auf Bücher; hat keine Gedichte geschrieben; entflammt sich nur für Hunde, Blumen & neue Gebäude.« (11. März 1935)

Es ist allerdings nicht die Freundschaft vorbei, denn als Freundinnen blieben die beiden Frauen einander bis zu Virginias Tod verbunden, sondern jene weiter gehende Verbindung, die sich auf Liebe und Literatur gründete. Für diese Verbindung aber gab es noch einen anderen, entscheidenderen, für die Öffentlichkeit zwar sichtbaren, aber wohl kaum für viele deutbaren Markstein: das Erscheinen des Romans ORLANDO.

Orlando, ein junger Adliger zur Zeit von Königin Elizabeth I., Herr eines großen Schlosses (Knole war Vorbild) und Herrscher über weite Ländereien und große Schätze, entdeckt die Liebe und die Literatur, wird Liebhaber und hofft, Dichter zu werden. Beides betreibt er durch die Jahrhunderte hindurch, denn wundersamerweise währt sein Leben mehr als vierhundert Jahre, wundersamerweise wechselt er sein Geschlecht, wird zur Frau, reist durch die Welt bis ins England von 1928 – am 11. Oktober dieses Jahres lässt Virginia Woolf die fiktive Biographie enden. Aus einem fast spielerischen Einfall wird ein Roman, und dieser sei – so sagt es Nigel Nicolson, Vitas Sohn – der längste und bezauberndste Liebesbrief der Literatur, denn: Orlando *ist* Vita Sackville-West. Oder genauer: Orlando ist eine Gestalt, wie sie Vita Sackville-West sicher gerne gewesen wäre und wie sie von ihrer Freundin Virginia zuweilen – vielleicht sogar mit einem gewissen Neid – gesehen wurde. Und da Vita Sackville-West sich immer als wirkliche, wenn auch nicht rechtmäßige Erbin von Schloss Knole sah, erhält sie mit dem Roman ihr steinernes Liebesobjekt virtuell zurück.

Bereits 1922 hatte Vita selbst eine Art »Rückeroberung« unternommen, als sie in dem Buch KNOLE AND THE SACKVILLES die Geschichte des Schlosses und seiner Besitzer aus der Sicht einer Bewohnerin des riesigen Anwesens schrieb. Der Leser sieht Knole durch ihre Augen, er bestaunt die Architektur des großen Palastes, wie sie es tut, und er bewundert den blumenreichen, kunstvoll angelegten, von Mauern umgebenen Garten und den weitläufigen, von Rotwild bevölkerten Park. Vor allem die fast gefühlvolle Beschreibung des Gartens macht deutlich, wofür Vitas Herz wirklich schlägt: In kleinen quadratischen Obstgärten gibt es alte Apfelbäume, unter denen Löwenmäulchen, Gänseblümchen, Rittersporn und Iris wachsen, und im Frühling ist der Boden übersät mit Narzissen und Traubenhyazinthen. Die Erinnerung an diesen Garten wird sicherlich Vitas eigene Aktivitäten beflügelt haben – sei es in Long Barn, sei es in Sissinghurst.

Der *walled garden* ist heute nur einmal im Monat für eine Besichtigung zugänglich, der große Park jedoch steht den Wanderern und Picknickfreudigen offen; Letztere müssen nur darauf achten, dass ihnen das Wild nicht aus den Körben nascht. Das große Haus, seit 1947 – zu Vitas Leidwesen – Eigentum des

National Trust, zieht natürlich sehr viele Besucher an. Es könnte aber ein kleiner Triumph für Vita Sackville-West sein, dass Sissinghurst, nach ihrem Tode ebenfalls dem National Trust übereignet, jährlich fast 100000 Besucher mehr sehen wollen als Knole.

Natürlich hat sie auch Virginia Woolf mit in ihr »Stammschloss« genommen, um es ihr zu zeigen und vielleicht auch, um sie zu beeindrucken. Und das ist ihr wohl gelungen, selbst wenn Virginia Knole und Vita mit ironischer Distanz betrachtet: »Vita führte mich durch das 4 Acre große Bauwerk, das sie liebt: zu wenig bewußte Schönheit für meinen Geschmack: eher kleine Räume mit Blick auf Gebäude: keine Ausblicke: doch ein oder zwei Dinge bleiben haften: Vita, wie sie in ihrem türkischen Gewand die Galerie entlangstolziert [...] kläffende Hunde, wimmelnde Kinder, alle sehr frei & stattlich; & ein Karren bringt Holz, das von der großen Kreissäge gesägt werden soll. Wie siehst Du das? frage ich Vita. Sie sagt, sie sehe es als etwas, das sich seit Hunderten von Jahren so abgespielt hat.« (Tagebuch, 23. Januar 1927)

Das Werk ORLANDO ist nicht nur ein Brief der Liebe, sondern auch und besonders ein Brief der eifersüchtigen, der enttäuschten Liebe. Zwar wusste Virginia nicht von allen Amouren Vitas, doch ahnte sie vieles; einerseits glaubte sich Virginia – zu Recht – bei Vita immer noch geborgen, doch hatte sie andererseits längst nicht mehr jene Exklusivität des Gefühls, die eine sichere Liebe braucht. Und deshalb ist ORLANDO nicht nur eine Huldigung an die schöne adelige Freundin, sondern es gibt auch mehr oder minder versteckte Sarkasmen, die sich vor allem auf jene Bereiche beziehen, die für Vita wichtig zum Leben und Dichten, für Virginia wichtig zum Schreiben, Fühlen und Erinnern waren: Natur, Pflanzen, Gärten. So heißt es spöttisch über den inzwischen zur Frau gewordenen Orlando: »Die englische Krankheit, eine Liebe zur Natur, war ihr angeboren, und hier [in der Türkei], wo die Natur so viel größer und mächtiger war als in England, fiel sie ihr in die Hände wie nie zuvor. [...] Sie stieg auf die Berge; durchstreifte die Täler; saß an den Ufern der Bäche. Sie verglich die Hügel mit Wällen, mit den Brüsten von Tauben und den Flanken von Kühen. Sie verglich die Blumen mit Email und das Gras mit abgetretenen türkischen Teppichen.« (ORLANDO, 107) Orlando war ein Dichter, später eine Dichterin, und während all der Jahrhunderte dieses Lebens wurde an dem großen Gedicht »Der Eich-Baum« geschrieben – Vita Sackville-West hielt das große, preisgekrönte Gedicht THE LAND für ihr bedeutendstes Werk.

Und noch ein wenig boshafter wird Orlandos Entscheidung dargestellt, alles Geschriebene bis auf eine Ausnahme zu vernichten und damit in einen neuen Lebensabschnitt einzutreten: »Einzig zwei Dinge blieben ihm, in die er jetzt noch Vertrauen setzte: die Hunde und die Natur; ein Elchhund und ein Rosenstrauch. Die Welt in all ihrer Verschiedenartigkeit, das Leben in all seiner Komplexität waren darauf zusammengeschrumpft. Hunde und ein Strauch waren alles, was blieb.« (ORLANDO, 72) Wie schrieb Virginia doch 1935 über Vita: »entflammt sich nur für Hunde, Blumen & neue Gebäude!« Sieben Jahre früher scheint sie diese Entwicklung antizipiert zu haben – ironisch zwar, aber vielleicht auch mit einer gewissen Furcht. Wirkt es nicht fast so, als seien Blumen, die beide in verschiedener Weise liebten, ein trennendes Element für die zwei Freundinnen geworden?

Sissinghurst – der Garten heute

Der Garten von Sissinghurst Castle ist einer der schönsten und heute meistbesuchten Englands. Er entstand in wenigen Jahren aus einem völlig verwahrlosten Besitz durch den rastlosen Einsatz, die enge Zusammenarbeit und die nie nachlassende Begeisterung der neuen Besitzer Vita und Harold Nicolson. Von Anfang an wussten die beiden, welche Art von Garten sie anlegen wollten, nämlich einen von privatem, intimem Charakter, und sie machten sich an die grundlegende Planung, die Harold oblag, und die reichhaltige Bepflanzung, die Vita ausführte. Die Rollenverteilung zwischen ihnen war dabei nicht unähnlich der von Edwin Lutyens, der für die Architektur der Gartenräume zuständig war, und Gertrude Jekyll, die für die Dekoration der Gartenräume mit Pflanzen verantwortlich zeichnete. Höchste Strenge der Gestaltung sollte bei den Nicolsons mit einem Maximum an Zwanglosigkeit bei der Bepflanzung verbunden sein.

Gemäß Harolds Entwurf für den Garten wurde eine Kombination von langen Achsengängen, markiert durch Hecken, Mauern und Wege, von Nord nach Süd und von Ost nach West angelegt, mit Statuen, Steinbänken oder Torbögen als Endpunkten, von denen kleine geometrische Gärten abgehen fast wie in einem riesigen Haus die Zimmer von den Hauptkorridoren. Dadurch lassen sich getrennte Saison- und Themengärten schaffen, die unter anderem jahreszeitliche Züge tragen. So waren ein Frühlingsgarten von März bis Ende Mai, ein Frühsommergarten von Mai bis Juli, ein Spätsommergarten von Juli bis August und ein Herbstgarten von September bis Oktober vorgesehen. Das Blickachsengerüst und die damit gekoppelten Einzelgärten wurden von geraden dichten Hecken mit gezielten Durchblicken und von noch heute vorhandenen oder neu errichteten rosa Ziegelmauern begrenzt und bildeten so eine »Aufeinanderfolge von Abgeschiedenheiten«, wie Harold Nicolson es ausdrückte. Diese abgegrenzten Bereiche sind heute der Vorhof, der Turmrasen, der Weiße Garten, der Rosengarten, der Lindengang (Frühlingsgarten), der Nussgarten, der Bauerngarten, der Kräutergarten und der Obstgarten. Von diesen sollen ein Teil des Vorhofs (Violette Rabatte), der Lindengang, der Kräutergarten und der Weiße Garten hier etwas näher betrachtet werden. Außerhalb des eigentlichen Gartens befinden sich größere offene Pflanzungen, meist Bäume, Wald, Wiesen, sowie ein See.

Einen deutlichen Kontrast zur Strenge der klassisch-formalen Gestaltung durch Harold schuf Vitas romantische Leidenschaft für üppige Bepflanzung, für Symphonien von Formen und vor allem Farben, für künstlerische, oft auch künstlich geschaffene Unordnung und Natürlichkeit. Sie liebte ein Gewirr von Rosen und Geißblatt, Feigen und Weinreben, Blumen und Kräutern, das Durcheinander von Farben, den Rausch von Düften. Sie entwarf Pläne für reiche Bepflanzung und dichte Bodenbedeckung, schuf umrankte Mauern, viele Rosen, viele wilde, viele altmodische Pflanzen. Sie war eine Expertin für Rosen und zog in ihren Gärten, besonders im Rosengarten, zahlreiche alte Essigrosen und einige außergewöhnliche Kletterer. Der ganze Garten wurde mit verschwenderischer Hand eingerichtet – und wird heute mehr denn je so geführt.

Vitas Überschwänglichkeit im Gestalten des Gartens gehörte untrennbar zu ihrer Gartenphilosophie. Sie liebte Großzügigkeit, wo immer sie ihr begegnete. Sie war für Übertreibung, für große Gruppen, ausschweifende Formen, zwölf Tulpen zusammen hielt sie für wirkungsvoller als je sechs. Zweihundert Veilchen kamen an den Rand des Schlossgrabens, vierhundert Lilien, Tausende Narzissen, vierhundert Kaiserkronen, fünf Akazien, sechsunddreißig Pappeln auf das Grundstück – wilde Fülle also überall. Trotz mannigfacher, nötiger und sinnvoller Umgestaltung im Kleinen und in der Einzelbepflanzung hat sich an der Struktur und dem Erscheinungsbild des Sissinghurst-Gartens kaum etwas geändert, und die nach den Nicolsons und gegenwärtig dort wirkenden Gärtnerinnen und Gärtner haben die Merkmale von Vitas Stil möglichst treu bewahrt.

Der Obere Hof, Sissinghursts Eingangshalle, zwischen Hauptgebäude und dem hohen rosenroten Turm gelegen, ein schönes grünes Rasengeviert mit Rabatten und großzügig bepflanzten Mauern, hat als Abschluss nach Norden hin eine 1935 errichtete rote Ziegelmauer von über vierzig Metern Länge. Vor dieser befindet sich die berühmte Violette Rabatte (*Purple Border*), das Prachtstück dieses Hofs in einer Farbgebung, die die Gartenautorität Gertrude Jekyll verpönte, die aber vielleicht gerade deshalb von Vita gewählt wurde und mit der sie zeigte, dass sich solche Töne zu einem reichen und gefälligen Farbteppich verweben lassen. Die samtige Farbe der Blüten in Mauve und

Violett kommt bei Sonne kaum, bei trübem Wetter allerdings prachtvoll zur Geltung und fesselt den Besucher, sobald er den Hof betritt, mit ihren farblichen Kontrapunkten und Akkorden. Lila Zierlauch, purpurblättriger Perückenstrauch, malvenfarbige Wiesenraute, lila Glockenblumen und rosa Dahlien, diverse farblich passende Clematisarten im Hintergrund, blau blühender Rosmarin und purpurfarbene Verbenen, Knöterich und Nelken in Rosa, Lupinen und Salvien in Bleu, Nachtviolen und Lavendel, pinkfarbener Rittersporn und ebensolche Malven, blassmauvefarbener Storchenschnabel und lilarote Buddleja bilden die wohl gesetzten Töne in dieser Symphonie. Und dazwischen die kirschroten Blüten der Rose Geranium, die schon vor der violetten Farbauswahl hier wuchs und die nicht das kräftige Rot hat, das der Name vermuten lässt, sondern ein Rosenrot, das mit den Tudorziegeln der Gebäude und Mauern harmoniert. Der Blumenreichtum der Rabatte dehnt sich längs der ganzen Mauer aus und bietet, neben seinem eigentlichen Höhepunkt im Frühsommer, heute auch im Spätsommer und Herbst den Betrachtern eine Augenweide dank der Bemühungen der Gärtner mit weiteren Pflanzen wie zum Beispiel Ausleseastern, empfindlichen Salvien und einer breiten Palette von Dahlien.

Die Gartenräume von Sissinghurst unterscheiden sich nicht nur in Größe und Farbe der Bepflanzung, sondern auch in ihrer Blütezeit (*season gardens*). Der Lindengang (*Lime Walk*) wurde von Harold Nicolson als Frühlingsgarten angelegt und mit Hunderten von Frühlingszwiebeln bepflanzt. Er ist der einzige von Sissinghursts Gartenräumen, den Harold allein bestellt hat und den er »mein Lebenswerk« nannte. Er ist der schönste Frühlingsgarten Englands, ganz wie Harold es gewollt hatte.

Kein anderer Garten in Sissinghurst ist so streng gestaltet und so ausschließlich auf die Saison ausgerichtet wie dieser. Seine feste einfache Struktur erfreut auch dann noch, wenn die Zwiebeln ausgeblüht haben. Er besteht aus einer Spalierallee von dreißig Holländischen Linden, in den siebziger Jahren ersetzt durch eine robustere Sorte, zwischen denen ein Gang mit Yorksteinplatten verschiedener Größe gepflastert ist. Die verwitterten Betonplatten von früher finden sich an den Seiten. Hainbuchenhecken rahmen das Ganze außen ein. Der Lindengang ist damals wie heute den März-, April- und Maiblumen vorbehalten; nach der Blütezeit darf er sich regenerieren, dann ist nur noch die Kolonnade der wundervollen, oben kunstvoll beschnittenen und verflochtenen Linden anzuschauen. Als Farbtupfer stehen dazwischen große italienische Terrakottatöpfe mit roten Impatiens. Den Gang beendet eine auf Ziegel gestellte Bacchantinsäule, flankiert von zwei Amphoren voll gelbgrüner Euphorbien.

Die Linden mit ihrer künstlichen Architektur gliedern diesen langen Gang in eine beeindruckende Galerie von Bildern der buntesten Frühlingsblumen. Jeder Baum steht in einem von den Yorksteinplatten ausgesparten Quadrat Erde, das jeweils den verschiedenen Frühlingsblumen vorbehalten ist wie auch die zu den Hainbuchenhecken hin angelegten Rabatten. Wie ein Feuerwerk treffen die in den Primärfarben blühenden und leuchtenden Blumen die Augen des Betrachters: Tulpen, Hyazinthen, Osterglocken, Kaiserkronen, Primeln, Szilla, Traubenhyazinthen, Vergissmeinnicht, Schlüsselblumen und Goldlack. Dazwischen zum Ausgleich der Farbenpracht Töpfe und Gruppen von Blumen in Weiß und Crème: Schneeglöckchen, weiße Narzissen, Schachbrettblumen, Anemonen, weiße Erythronium. Die Art, wie eine überschwängliche Frühlingspracht in einen festen architektonischen Rahmen, gebildet durch die Linden, eingefügt wird, beeindruckt, nach vielen Erneuerungen, auch heute noch.

Vita war von Kräutern fasziniert und schuf mit dem Kräutergarten (*Herb Garden*) in der streng gegliederten äußersten Südostecke der Gartenanlage die Möglichkeit, neben literarischen, medizinischen und kulinarischen Assoziationen hier Schönheit und Duft der Kräuter zu genießen. Vitas Geruchsinn war so hoch entwickelt, dass sie mit geschlossenen Augen jedes Kraut, das man ihr unter die Nase hielt, identifizieren konnte. Und das bei über hundert unterschiedlichen Kräutern, die dort angepflanzt waren – und noch sind. Oft wird dieser Kräutergarten als vollständigstes Herbarium Englands bezeichnet. Aber seine Pflanzen sind heute weniger zur Verwendung in der Küche gedacht – die überdies weit weg liegt – denn als Augenweide in der Kombination mit großen Gruppen von Schmuck- und Nutzpflanzen. Zu diesen Pflanzen gehören etwa der rote Fingerhut, Sonnenblumen, Seidelbast, der rosa Wiesenknöterich, gelbe Nachtkerzen, orangefarbene Ringelblumen, Ginster und rote Indianernessel, unterpflanzt mit Krokussen, Küchenschellen, rosaroten Alpenveilchen. Die Düfte und Farben des Pflanzenensembles ziehen hier jeden in ihren Bann.

Der rechteckige Garten wird von halbhohen Eibenhecken mit Durchlässen zum Nussgarten und über die Thymianbeete hinweg zum Wassergraben eingefasst und ist in vier gleichmäßige Areale gegliedert, in denen sich in unterschiedlichen Gruppen die Kräuter und Pflanzen befinden, die früher Vita und jetzt die Gärtner vom Frühjahr bis zum Herbst zu einer Attraktion für die Besucher machen – was alles andere als leicht ist.

Viele Kräuter sind nur ein- oder zweijährig und lassen Lücken, die im Hochsommer gefüllt werden wollen. Koriander etwa und Kerbel werden bis zu dreimal im Jahr ausgesät und tragen, klein und weiß blühend wie sie sind, doch nicht sehr zur Schönheit des Gartens bei. Für Sesam, Kreuzkümmel und Basilikum sind die englischen Winter oft zu kalt. Thymian und Minze in verschiedenen Sorten und Farben, Zitronenmelisse und Kapuzinerkresse, Borretsch- und Dillstauden, Engelwurz und römischer Wermut, Rosmarin und Baldrian, Verbenen und Ysop, Schnittlauch und Lavendel, Oregano und Salbei, Reseda und Kamille, von lila bis weiß blühend, geben dem Kräutergarten sein überwiegend grünes Gesicht; Farbigkeit wird durch die dazwischen gepflanzten Blumen und niedrigen Stauden bewirkt. Die Wege zwischen den Beeten waren ursprünglich Grasstreifen mit einzelnen Betonsteinen, heute sind die beiden Hauptwege mit Yorksteinen gepflastert, wobei einige schmale Spalten Thymian und Kamille die Möglichkeit zur Ansiedlung geben. Auf den Seitenwegen sind rote Ziegelsteine verlegt.

Die Mitte dieses Gartens bildet eine von drei Löwen getragene große Marmorschale, die Vita und Harold 1914 aus der Türkei mitgebracht hatten. Heute steht sie auf einem alten Mühlstein, der, nach einem Vorbild von Lutyens, von hochkant gestellten Ziegelplatten sternförmig umgeben ist. Nach Misserfolgen mit etlichen anderen Pflanzen (Thymian, Safran, Krokus) ist sie derzeit mit Hauswurzsorten bepflanzt. Ein schönes Detail ist die in einer Heckennische stehende Steinbank – der Sitz »Eduards des Bekenners« im Familienjargon –, deren Sitzfläche mit nicht blühender römischer Kamille dicht gepolstert ist. Im Frühjahr schmückt sie sich mit Lorbeerseidelbast und Petersilientöpfen, während sie im Sommer hinter weißblühendem Borretsch und Muskatellersalbei fast verschwindet. Der Kräutergarten bezaubert durch seine Schlichtheit. Doch sie täuscht, denn er stellt hohe Pflegeansprüche, um während eines guten Teils des Jahres sein romantisches Flair nicht zu verlieren.

Der eindrucksvollste, bekannteste und meistkopierte Bereich in Sissinghurst ist der Weiße Garten (*White Garden*), ein Lehrstück für die Verwendung von Blüten- und Blattformen in einer Fülle von Düften. Demgegenüber ist der Aspekt der Farbe zweitrangig, er ist reduziert auf das Weiß der Blüten und die Grünschattierungen der Blätter. Weiße Gärten schalten die Ablenkung durch Farben aus und bringen die anderen Faktoren, welche zur Freude an Gärten beitragen, deutlicher zur Geltung. Der Weiße Garten von Sissinghurst war nicht der erste seiner Art – auch wenn damals rein weiße Gärten rar waren –, aber er war der ehrgeizigste und gelungenste und ist sicher noch heute dank intensiver Wartung und ständig erneuerter und verbesserter Bepflanzung der bezauberndste.

Im Dezember 1939 äußerte Vita erstmals die Idee, einen Garten ganz mit weißen Pflanzen zu gestalten – wenn auch in einem anderen Gartenteil als dem jetzigen. Umfassen sollte er nach ihrer Vorstellung nur weiße Blüten mit ein paar Tupfern von blassem Rosa: weiße Clematis, weißen Lavendel, weiße Schmucklilien, weiße gefüllte Schlüsselblumen, weiße Anemonen, weiße Kamelien, weiße Lilien und in einer Ecke Himalaja-Lilien und die zart pfirsichfarbene *Primula pulverulenta*. Harold war im Prinzip einverstanden, doch Krieg und Nachkriegszeit ließen dieses Vorhaben zehn Jahre lang Theorie bleiben. Erst 1949 griffen sie den Plan eines weißen Gartens wieder auf, der in den folgenden vier bis fünf Jahren Gestalt annahm und des-

Harold Nicolson in Long Barn
beim Füttern von Tauben

Sissinghurst:
das Arbeitszimmer von
Vita Sackville-West

146

vorhergehende und diese Seite:
im Garten von Sissinghurst

rechte Seite:
Sissinghurst: der Weiße Garten mit dem
Schloss im Hintergrund

oben:
Sissinghurst: Gartenbank nach einem
Entwurf von Edwin Lutyens

rechte Seite:
Sissinghurst: Statue einer Bacchantin
in einer von Hainbuchenhecken gesäumten
Nische

Die Westfront von Schloss Knole in Kent.
Berühmt ist der aus dem
15. Jahrhundert stammende Herrensitz
nicht zuletzt wegen seines Wildparks

sen Ergebnis heute zu den schönsten Gartenzimmern von Sissinghurst zählt. Als Standort wurde der Bereich nördlich des Turmrasens gewählt, ursprünglich ein Rosengarten, der neben dem Priest's House endet. Dort befand sich in der linken oberen Ecke schon seit Jahren das so genannte Erechtheum, eine übergitterte Kolonnade mit mediterranem Flair, die die Nicolsons an warmen Sommerabenden als Esszimmer im Freien nutzten, umgeben von Harolds 1935 gepflanzten Weinstöcken und den von Vitas Mutter geschenkten Feigenbäumen. Auch heute hat diese Laube, von Weinreben und Glyzinien überwachsen und mit verwitterten, aber stabilen Holzmöbeln ausgestattet, nichts von ihrer Anziehungskraft verloren.

Konkrete Gestalt hat die Weiß-Silber-Komposition in einem rechteckigen länglichen Garten angenommen, der von hohen Eibenhecken mit Durchblicken und Torbögen begrenzt und durch zwei sich kreuzende, brickbelegte Hauptachsen strukturiert wird. Im nördlichen Teil ist er in eine Anzahl kleiner ebenmäßiger Beete mit niedriger Buchsbaumeinfriedung, die auf Harold zurückgeht, gegliedert, in der südlichen Hälfte mit nur einem Quergang versehen und deutlich informeller angelegt. Im Schnittpunkt der beiden Hauptwege befindet sich ein Rondell mit einer hohen Vase in der Mitte, die von der riesigen *Rosa mulliganii* überwölbt wird. Dieses aus mehreren Pflanzen entstandene Rosenzelt wurde früher von Mandelbäumen, die allmählich eingingen, gestützt, heute wird es von einem kunstvollen Bogengestell aus Schmiedeeisen gehalten, das Nigel Nicolson Anfang der siebziger Jahre anfertigen ließ. Gleichzeitig wurde der Nord-Süd-Weg auf beiden Seiten mit Bögen bestückt – aus optischen Gründen. Der zentrale Platz des Weißen Gartens hat seinen floralen Höhepunkt Anfang Juli, wenn die

Rosa mulliganii einen Hügel aus duftigen weißen Blüten über der Spitzbogenlaube bildet. Während *Rosa mulliganii* auf der Laube verblüht, erreichen viele andere Pflanzen des Weißen Gartens ihre höchste Blüte. Die Buchsbeete im nördlichen Teil enthalten Dauerbepflanzungen mit Bodendeckern von ein- und zweijährigen Pflanzen. Am Abend ist der Weiße Garten besonders schön, denn die Blüten schimmern noch lange in der Dämmerung. Natürlich zeigen die Pflanzen nicht immer ein reines Weiß. Vielmehr sind es die feinen Nuancen der Töne von Beige, Silber und Grau bis zu Hellgelb und Hellrosa, die hier faszinieren. Die Nicolsons wollten doch etwas Farbe (Rosa und Blassgelb) in die mögliche Monotonie der Weißtöne bringen. Zu den Stars dieses Gartenteils gehören die elegante weiße Zimmercalla, die Florabunda-Rose *Iceberg*, in Deutschland unter dem Namen Schneewittchen bekannt, diverse Margeriten- und Edelrautenvarianten, weiße Clematis und silbrige Distelsträucher (einer auch rosa blühend), Hosta und *Echinacea alta*, weißer Phlox und weiße Päonien, Königslilien und Buddleja, Hortensien und Lupinen, alle in Weiß. Die Beete südlich der Laube enthalten mit die schönsten Pflanzensymphonien des Gartens: Blätter und Blüten in geglückten Kombinationen, die alle zum Gesamteffekt beitragen. Hier wachsen ausgewählte Pflanzen ohne Buchsbaumtrennung dicht nebeneinander, ihre geschickte Höhenstaffelung trägt noch zur Wirkung bei. Neben einigen hohen Distel- und Chrysanthemenstauden mit Trennungseffekt zum oberen Teil finden sich hier Einjährige wie weiße Cosmeen und grüner Ziertabak, weißer Schlafmohn und Phlox, dichte Crambensträucher und weiße Lobelien, Zierlauch und Glockenblumen, Wicken und Nelken, auch sie alle in Weiß. An Bäumen beeindrucken die Silberweide und die Weidenblättrige Birne, in deren Schatten die Rosandicstatue der kleinen Jungfrau träumt, eine Gruppe weißer Fingerhüte, Seekohl und Hosta an ihrer Seite. Eine besonders auffällige und prächtige Pflanze ist die Honigstaude *Melianthus major* mit ihren großen meergrünen Fiederblättern, die im Weißen Garten deshalb gleich in zwei Gruppen verwendet wird.

Wer den Weißen Garten, diese überwältigende Symphonie aus subtilen Weiß- und Grüntönen, in mehr als Worten und Fotografien mit sich nehmen möchte, der kaufe im Shop des National Trust vor dem Eingang zum Park einen carréförmigen großen Seidenschal in Grün- und Weißtönen mit einigen schwarzen Strichen und erinnere sich bei jedem Tragen des Tuches an den Gang durch die Gartenanlagen von Sissinghurst.

»Dieser schreckliche Garten« war eine von Vitas stehenden Redewendungen, wenn sie mit Harold darin umherging und auf die Schwächen und Lücken der Anlage hinwies. Aber sie fand ihn natürlich überhaupt nicht schrecklich. Schon damals und bis heute ist er ein Mekka für Gartenliebhaber und weltberühmt. Seinen Besitzern hat er tiefe Befriedigung, das Gefühl des Erfolges, Heiterkeit und Glück gegeben.

Gärten des Denkens
und der Rekreation
oder
Virginia Woolf sucht einen Garten –
nicht nur für sich allein

Virginia Woolf war Londonerin nicht nur von Geburt, sondern auch aus Überzeugung, und in sehr vielen ihrer Werke ist London Thema oder thematischer Subtext, zumindest aber die bedeutsame Kulisse für epische Inszenierungen. Es sind jedoch nur wenige ausgewählte, dem Wohnumfeld der Familie zugehörige Bezirke der Metropole, über die der Leser Genaueres erfährt. Von Kensington zogen die Stephen-Kinder nach Bloomsbury, an den Gordon Square, aus dem Stadtteil des wohlsituierten Bürgertums und des Adels in den der Künstler und Wissenschaftler. Die Beziehungen zu Freunden und Verwandten reichten zwar auch nach Hampstead und Westminster, konzentrierten sich aber immer auf die westlichen Bereiche; das East End, der sozial hoch problematische Teil der Stadt, blieb in der literarischen Topographie der bürgerlichen Autorin unberücksichtigt – und das sicher nicht nur, weil eine intensivere, über die bloße Wahrnehmung bei Stadtwanderungen hinausgehende Anschauung fehlte.

Es fällt auf, dass Virginia Woolf bei der Wahl ihrer verschiedenen Wohnungen immer auf deren Nähe zu Grünanlagen achtete, wie groß oder klein diese auch jeweils sein mochten. Insofern ist das London der Schriftstellerin von einem nachhaltigen Grün in vielerlei Schattierungen, von einem reichlichen Aufgebot an Bäumen, Büschen und Blumen geprägt, woraus sich viele Möglichkeiten für Reminiszenzen ergeben – manchmal vom Anfang eines Werkes an.

»Mrs Dalloway sagte, sie wolle die Blumen selber kaufen.« Mit diesem Satz beginnt Virginia Woolf ihren inzwischen wohl populärsten Roman, der den Leser während eines Junitages im Jahre 1923 das Leben der Clarissa Dalloway beobachten lässt. Vielleicht ist diese die interessanteste »Heldin«, die Virginia Woolf geschaffen hat; Orlando zum Beispiel ist Held wie Heldin gleichermaßen, oder Flush weist – nicht nur wegen seiner Hundeexistenz – eine spezielle Personalität auf. Möglicherweise ist der Begriff »Heldin« auch etwas missverständlich, suggeriert er doch gemeinhin Aktivitäten, die über Alltägliches hinauszugehen scheinen, und Mrs Dalloway lebt eigentlich nicht ungewöhnlich – trotz ihrer Nähe zu parlamentarischer Macht. Da diese für sie nur Bedeutung hat als gesellschaftliches Geschehen und als eheliche Erfahrung (ihr Mann ist Abgeordneter), sind die Gedanken und Erinnerungen wichtiger, die an jenem Junitag ihre geistige Existenz ausmachen. Und mit ihrem Vorsatz, die Blumen für den abendlichen Empfang zu besorgen, begibt sie sich auf einen Einkaufsgang durch London und später auf einen Erinnerungsgang durch ihre Vergangenheit.

Die Auswahl der Blüten, die zu einem festlichen Arrangement gefügt werden sollen, ist ihr besonders wichtig – so wichtig, dass sie diese Aufgabe nicht einem Dienstboten überlassen mag. Als sie an diesem Vormittag im Juni 1923 ihr Haus in Westminster verlässt, um die notwendigen Besorgungen für die Abendgesellschaft zu erledigen, zu der ihr Mann und sie viele Gäste, darunter den Premierminister, eingeladen haben, führt sie der Weg zur Floristin in der Bond Street quer durch London. Es ist sicher kein literarischer Zufall, dass für Clarissa Dalloway der Kauf von Blumen so wichtig ist. Ließ Virginia Woolf sie in der Skizze MRS DALLOWAY IN DER BOND STREET noch Handschuhe erstehen, sucht sie nun in derselben exklusiven Straße eine Floristin auf, denn: Handschuhe sind »nur« ihre Leidenschaft, markieren Äußerlichkeiten – Blumen, Bäume und Pflanzen jedoch sind für wichtige Ereignisse ihres Lebens und für die Erinnerung daran essentiell, lassen sie den Blick auf sich selbst und ihr inneres Sein richten.

Auf dem Weg zur Bond Street kommt sie zuerst durch den St. James's Park, wo sie einen Freund der Familie trifft, einen Blick auf den königlichen Palast in der Ferne und den Ententeich in der Nähe wirft und die sommerliche Atmosphäre genießt, deren Stille nur durch das Platschen der Enten im Wasser unterbrochen wird. Der Juni hat bereits für dichtes Laub an den Bäumen gesorgt, und die politischen Aktivitäten von Westminster »schienen selbst die Luft im Park zu erhitzen und seine Blätter heiß und glänzend zu heben, auf Wellen dieser göttlichen Lebenslust, die Clarissa liebte. Tanzen, Reiten, das hatte sie hingerissen«. (MRS DALLOWAY, 10) Ein Junitag im Park von St. James erweckt Erinnerungen an jugendlichen Gefühlsüberschwang, an Lebensfreude in der graublauen Morgenluft nach durchtanzter Nacht. Mrs Dalloways Weg, von Westminster durch den St. James's Park über die Mall Richtung Piccadilly und Bond Street führend, könnte mit dem Stadtplan nachgegangen werden, und wer dies tut, merkt sofort, dass hier eine zielbewusste »Stadtwanderin« unterwegs ist und keine Lady, die flanieren will.

In der Bond Street angekommen, betritt Clarissa Dalloway das Blumengeschäft Mulberry. Heute könnte man in dieser Straße kaum noch Dinge des täglichen Bedarfs kaufen, und wer nach Mulberry Ausschau hielte, würde zwar ein Geschäft dieses Namens finden, doch könnte er dort höchstens Wohnaccessoires erwerben oder sich pseudo-rustikal einkleiden – ein Florist dieses Namens ist nur in West Dulwich zu finden. Der Blumenladen im Roman offeriert eine Fülle an Duft und Farben, die Mrs Dalloway aus der taghellen Londoner Gegenwart zu Erinnerungen an Nächte der Vergangenheit geleitet. Kaum etwas wird von Virginia Woolf derart sinnenhaft wahrnehmbar beschrieben wie Blumen – fast könnte man diese als ein sehr komplexes Synonym für Sinnlichkeit im Lexikon der Autorin begreifen. Düfte und Farben scheinen nicht nur die fiktive Person, sondern auch den Leser zu umhüllen – die literarische Sensibilität konkretisiert sich im Floralen.

»Da waren Blumen: Rittersporn, spanische Wicken, Fliedersträuße; und Nelken, Berge von Nelken. Da waren Rosen, da waren Schwertlilien. O ja – so atmete sie den gartenerdig süßen Duft ein, während sie da stand und mit Miss Pym sprach […]. Und dann, als sie ihre Augen öffnete, wie frisch, gleich gerüschtem Stoff, sauber aus der Wäscherei, auf Weidentabletts ausgebreitet, die Rosen aussahen; und dunkel und steif die roten Nelken, erhobenen Hauptes; und all die spanischen Wicken, weit gestreut in ihren Schalen, violett, schneeweiß, bleich getönt – als wäre es Abend und Mädchen in Musselinkleidern kämen heraus, um spanische Wicken und Rosen zu pflücken, nachdem der wunderbare Sommertag mit seinem nahezu blauschwarzen Himmel, seinem Rittersporn, seinen Nelken, seinen Callas zu Ende war; und es wäre der Augenblick zwischen sechs und sieben, wenn jede Blume – Rosen, Nelken, Schwertlilien, Flieder – aufglüht; weiß, violett, rot, tieforange; jede Blume scheint von allein zu brennen, sacht, rein, in den dunstigen Beeten; und wie sie die grauweißen Falter liebte, hin und her schwärmend über den Weidenröschen, über den Nachtkerzen.« (MRS DALLOWAY, 16)

Mitten in der Stadt, im leicht feuchten Dämmer eines Blumenladens, erschließt sich für Clarissa Dalloway eine farbige, duftende Sinnlichkeit, mit der zugleich die Vergangenheit heraufbeschworen wird. Und ihre Vergangenheit, das ist der Landsitz ihrer Eltern, ein altes Haus mit einem großen, parkähnlichen Garten, in dem man die Ferien verbringt und sich mit Freunden trifft. Clarissa ist dort von Anbetern umgeben, denen sie zu entgehen sucht, da sie einer Ehe wenig geneigt ist. Diese Empfindungen teilt sie mit ihrer besten Freundin Sally, einer erstaunlichen Persönlichkeit mit einem geradezu künstlerischen Sinn für Blumen, wie Clarissa sich bewundernd erinnert. Der Umgang mit Blühendem charakterisiert zugleich die beiden jungen Frauen auf je eigene Weise: Die unkonventionelle, kreative Sally geht einfach hinaus in den Garten und pflückt »Stockrosen, Dahlien – alle Arten von Blumen, die man nie zusammen gesehen hatte«, schneidet ihnen die Köpfe ab und lässt sie in Schalen auf dem Wasser schwimmen, was einen erstaunlichen Eindruck macht. Clarissa hingegen lebt in einem Haus, in dem Blumen zu strengen Arrangements geordnet werden, die formeller Schmuck sind nach den Regeln entsprechender Handbücher und nicht etwa Ausdruck von dekorativer Emotion. Und wenn sie an Sally denkt und an Blumen und an abendliche Gänge durch den Garten, erinnert sie sich auch an einen ganz besonderen Moment: »Dann kam der köstlichste

Augenblick in ihrem ganzen Leben, als sie an einer steinernen Urne voller Blumen vorbeikamen. Sally blieb stehen; pflückte eine Blume; küßte sie auf die Lippen. Die ganze Welt hätte kopfstehen können! Die andern entfernten sich; sie war allein mit Sally.« (Mrs Dalloway, 38) Blühendes begleitet auch hier wesentliche Seinserfahrungen, verstärkt den Ausdruck tiefster emotionaler, ja existentieller Ergriffenheit. Sehr bald werden die beiden gestört, die Intimität des Augenblicks löst sich auf in der zudringlichen Konversation der anderen.

Wenn man es genau nimmt, brauchen Clarissa und Sally auf je eigene Art etwas, was Virginia Woolf – zugegeben mit anderer Intention – in Ein eigenes Zimmer beschreibt: einen Raum, in dem man sich selbst gehört, der Rückzug und kreative Zuwendung zur Welt gleichermaßen ermöglicht. Virginia Stephen, aufgewachsen in der Strenge eines viktorianischen Haushaltes, fand befreiendes Alleinsein selten im Haus, nur manchmal bei einer ihrer Mußestunden im Park. Erst der Umzug nach Bloomsbury, in das große Haus am Gordon Square, eröffnete ein neues Leben, und es war ein Leben, das zum Beispiel mit dem der Clarissa Dalloway stark kontrastierte. In der Erzählung Phyllis und Rosamond erfährt der Leser, wie stark der Gegensatz ist, der zwischen Kensington (es könnte auch Westminster sein oder Mayfair) und Bloomsbury besteht: »So ging Phyllis allein in das entfernte und wenig gefragte Londoner Viertel, in dem die Tristrams wohnten. [...] Die Stuckfassaden, die untadeligen Häuserreihen von Belgravia und South Kensington erschienen Phyllis als Sinnbild ihres eigenen Schicksals; eines Lebens, das am Spalier gezogen wird, damit es in einem häßlichen Muster wächst und zur seriösen Häßlichkeit seiner Gefährten paßt. Aber wenn man hier in Bloomsbury leben würde, fing sie an zu theoretisieren und wedelte mit der Hand, als die Droschke über die großen ruhigen Plätze, unter dem zarten Grün schattenspendender Bäume, dahinfuhr, könnte man aufwachsen wie man wolle. Da war Raum und Freiheit und im prächtigen Tosen der Strand erkannte sie die Lebenswirklichkeit der Welt, von der ihr Stuck und ihre Säulen sie so vollständig abschirmten.« (Das Mal an der Wand, 20)

Sonderlich *fashionable* war Bloomsbury nicht, doch als Quartier der Intellektuellen hätte es eigentlich auch für Sir Leslie Stephen akzeptabel sein können, wenn nicht das Image einer beträchtlichen Unbürgerlichkeit den auf Reputation bedachten viktorianischen Gelehrten fern halten musste. Das Viertel zwischen Euston Road im Norden, Oxford Street im Süden, Tottenham Court Road im Westen und Gray's Inn Road im Osten kann als das Zentrum Londoner Intellektualität gelten. Dieser Nimbus resultierte aus der großen Anzahl von Kulturinstitutionen, die sich hier angesiedelt hatten. Unbestrittener Mittelpunkt ist das British Museum, und in diesem wiederum war es der fast schon legendäre Lesesaal, der Round Reading Room. Mag der vor kurzem erfolgte Umzug nach St. Pancras auch die Archivierung der gigantischen Buchbestände erleichtert und ihre Benutzung bequemer gemacht haben – für denjenigen, der einmal in dem außergewöhnlich beeindruckenden Raum mit seiner riesigen Kuppel gearbeitet hat, ist diese von der Geschichte der Wissenschaften und der Tätigkeit von Wissenschaftlern geprägte Atmosphäre durch nichts zu ersetzen. Virginia Woolf hat hier ebenfalls studiert und die in Ein eigenes Zimmer beschriebene Erfahrung nach dem Betreten des Saales gemacht: »[...] man stand unter der ungeheuren Kuppel, als wäre man ein Gedanke in dem riesigen kahlen Schädel, der so glanzvoll von einem Band berühmter Namen umfangen wird.« (EIN EIGENES ZIMMER, 31) Diese berühmten Namen aber erfüllen eine hier lesende Frauenrechtlerin, die auf ihre Bücher wartet, mit Empörung:»Sie sah sich um. Ihr Blick fiel auf die Schlußbuchstaben im Namen von Lord Macauley. Und sie las sie alle rund um die Kuppel – die Namen der großen Männer, die uns gemahnen – ›Verdammt noch mal‹, sagte Julia Hedge, ›warum haben sie keinen Platz gelassen für eine Eliot oder eine Brontë?‹« (JACOBS ZIMMER, 111)

In diesem topographisch-kulturellen Kontext erstaunt es nicht, dass in Bloomsbury 1826 das University College London etabliert wurde. Man kann diese Gründung als eine sozial motivierte akademische Opposition gegen Oxford und Cambridge begreifen, da in London – anders als an den beiden traditionellen Universitäten – Studierende ohne Rücksicht auf ihr Herkommen, ihre Religion, ihre Rasse und – seit 1878 – auch ohne Beachtung ihres Geschlechts zugelassen wurden. Ferner ist es nicht verwunderlich, dass zahlreiche Verlage ihren Sitz in Bloomsbury hatten – und viele ihrer Autoren ebenfalls, wie die Plaketten an den Häusern bezeugen. Heute allerdings ist das Literarische des Quartiers fast nur noch in Gestalt der unzähligen Buchhandlungen und Antiquariate präsent, die einen Abglanz der großen bibliophilen Vergangenheit bilden.

In ihren Erinnerungen OLD BLOOMSBURY formulierte Virginia Woolf noch genauer, welchen Eindruck das neue Domizil und seine Umgebung machten, wie das neue Leben beschaffen war, das die verwaisten Geschwister nun voller Enthusiasmus nach dem Umzug beginnen konnten:»Wenn man den Platz [i.e. Gordon Square] heute sieht, ist er keineswegs der reizvollste der Bloomsbury Squares. Er hat weder die Vornehmheit des Fitzroy Square, noch das Imposante des Mecklenburgh Square. Er ist wohlhabende Mittelklasse und ausgesprochen mittelviktorianisch. Doch ich kann euch versichern, daß er im Oktober 1904 der schönste, der reizvollste, der romantischste Platz der Welt war. Erst einmal war es schon wunderbar, am Salonfenster zu stehen und in alle diese Bäume hineinzuschaun, den Baum anzuschaun, der seine Äste in die Luft hinaufschießt und sie dann in Kaskaden herunterfallen läßt; den Baum, der nach einem Regen wie der Körper eines Seehunds glänzt – statt die alte Mrs Redgrave gegenüber zu beobachten, wie sie sich den Hals wäscht. Die Helle und die Luft waren nach dem schweren roten Dunkel in der Hyde Park Gate eine Offenbarung.« (AUGENBLICKE, 216 f.)

Aus der bedrückenden Enge von Hyde Park Gate gelangten die Stephen-Kinder in die bohemehafte Freiheit des Gordon Square, und dieser Umzug bedeutete nicht zuletzt auch eine stärkere Hinwendung zur Metropole, eine existentielle Öffnung in großstädtische Weite. Allerdings ergibt sich ein bezeichnender Gegensatz: Während die Enge des Hauses in Kensington kompensiert wurde durch den großen Park, genügt den Geschwistern bei der Platzfülle des Hauses in Bloomsbury der viel kleinere Square-Garten. In seiner Anlage wirkt er beinahe wie eine Erweiterung des häuslichen Wohnens ins Freie; durch einen hohen Eisenzaun umfriedet, mit vielen Bänken, die von Büschen umstanden sind, und mit Rasenflächen, auf denen Kinder und Hunde spielen, erscheint er wie ein weithin offenes Wohnzimmer. Die Bäume und Sträucher halten den Lärm etwas fern, der von den Straßen, die an den vier Seiten des Platzes entlangführen, herübertönt. Virginia Woolf empfand ihn sogar, nach der gedämpften Stille von Hyde Park Gate, als ein wenig beängstigend, doch signalisierte er auch Leben und Lebendigkeit der Großstadt.

Die Squares sind typisch für die innerstädtische Entwicklung von London; in dieser großen Zahl – weit über hundert solcher Flächen gibt es – sind sie auch nur in der Hauptstadt zu finden. Während des 17. Jahrhunderts begann man mit der Anlage dieser Plätze, die anfangs eher die Funktion einer Piazza hatten wie Covent Garden (ein Platz ohne Garten!), dann aber zunehmend – ähnlich wie die großen Parks – die Funktion von *breathing places* erhielten, die der Gesundheit der Bevölkerung dienen sollten. Der erste Garten, der die Bezeichnung Square erhielt, war der in den sechziger Jahren des 17. Jahrhunderts auf dem Grund des Earl of Southampton angelegte Bloomsbury Square, um den herum Häuser gebaut wurden und der wie alle späteren das Zentrum eines Wohnviertels bilden sollte.

Im Laufe des 19. Jahrhunderts entstanden fast alle Squares in Bloomsbury, das zu dem Besitz der Russells, Herzöge von Bedford, gehört. Die Squares waren der Versuch, das Land in die Stadt zu holen, eine pastorale Idylle in der Metropole zu schaffen, jedoch monierte bereits im 18. Jahrhundert ein Kritiker dieser Anlagen, dass die Unschuld des ländlichen Lebens nicht in das urbane integrierbar wäre – *rus in urbe* sei eine Absurdität. Dennoch wurde diese scheinbare Paradoxie hoch geschätzt, denn für Grundbesitzer wie Spekulanten schuf sie ein profitables Betätigungsfeld, und für die Menschen, die in diesem Quartier meistens nur zur Miete wohnen konnten, ergaben sich attraktive Lebensbedingungen, da man trotz relativ enger Bebauung eines frischen Luftzuges sicher sein konnte – in der für ihren Nebel berüchtigten Hauptstadt ein beachtlicher Vorteil für die Gesundheit. Zu diesem Effekt trug natürlich nicht unwesentlich die Tatsache bei, dass für die Squares spezielle Gärten entworfen wurden, die den Anforderungen des Grundstückes wie den Bedürfnissen der Anwohner gleichermaßen Rechnung trugen. Schatten und Sauerstoff spendende Bäume, schützende Büsche und schmückende Blumenbeete schufen den Eindruck eines fast privaten Gartens, dessen Privatheit durch ein aufwendiges Metallgitter samt verschließbaren Toren sowie durch einen Square keeper geschützt und durch Square Committees verwaltet wurde.

Leonard Woolf berichtet in seinen Memoiren DOWNHILL ALL THE WAY von seinen täglichen Spaziergängen mit dem Hund im Garten des Tavistock Square, wohin er und Virginia 1924 gezogen waren. Er schloss Bekanntschaft mit dem Square keeper, einem zynischen Cockney, für den der Square das Zentrum eines großen Dorfes war, in dem er alles und jeden kannte. Bald wurde Leonard in das Square Committee gewählt und fand sich zu seiner großen Verwunderung im London von Charles Dickens wieder, denn das Committee verwaltete nach den städtischen Verordnungen von 1840. Eine von deren Bestimmungen besagte, dass nur die Anwohner einen Schlüssel zum Tor haben durften, woraufhin Virginia Woolf durch die Schwester von Roger Fry im Juni 1933 zu einem Leserbrief an den »New Statesman« veranlasst wurde. In diesem Brief setzt sie sich für jene Londoner ein, die in der Sommerhitze in der Stadt bleiben müssen und nicht im kühlen Schatten unter den Bäumen des Squares sitzen können, weil dessen Tore verschlossen sind. Virginia Woolf plädiert voll Mitgefühl dafür, mindestens im August oder vielleicht sogar länger die Tore geöffnet zu lassen. Nebenbei: Wer heutzutage zum Beispiel den Gordon Square am Abend oder am Sonntag aufsuchen möchte, findet ihn wie damals versperrt.

Die Häuser am Gordon Square – wie auch die an den anderen Squares – erscheinen selbst heute noch groß und geräumig, obwohl sie als Seminargebäude der Londoner Universität inzwischen sehr vielen jungen Menschen Platz bieten müssen. Eine Besichtigung ist nur ausnahmsweise möglich, erfordert aber auch ein beträchtliches Maß an Imagination, weil Cafeteria, Computerräume und Mini-Hörsäle kaum noch ahnen lassen, wie es am Anfang des letzten Jahrhunderts hier aussah. Und wenn man liest, mit welcher Begeisterung Virginia Woolf ihr neues Heim beschreibt, dann muss man mühsam die Spuren von Studentengenerationen wegdenken, um hinter Informationstafeln, Getränkeautomaten und mit Postern beklebten Wänden die Frische einer Renovierung zu ahnen. In ihren Erinnerungen OLD BLOOMSBURY schreibt Virginia Woolf: »Aber das weitaus Aufregendere war doch der ungewöhnliche Raumgewinn. In der Hyde Park Gate hatte man nur ein Schlafzimmer, wo man lesen oder seine Freunde empfangen konnte. Hier hatten Vanessa und ich noch je ein Wohnzimmer, und im Parterre befanden sich der riesige Doppelsalon und ein Arbeitszimmer. Um alles neu und frisch zu machen, war das Haus vollkommen renoviert worden.« (AUGENBLICKE, 217)

Jetzt hatte Virginia Stephen endlich nicht nur ein Zimmer für sich allein, sondern mehrere Räume, die ihr das Gefühl von Unabhängigkeit gaben und eine großzügige, gesellschaftlich aktive Lebensweise förderten. Anders als in Hyde Park Gate unterwarf man sich nicht den Regeln konventioneller Essenszeiten (»Tee um fünf«) und verbindlicher Kleidervorschriften (»zum Dinner umkleiden«), doch gab es auch am Gordon Square einen *jour fixe*. An diesem teilzunehmen war fast eine Pflicht, obwohl die Gäste – junge Männer, fast alle Kommilitonen von Thoby Stephen aus Cambridge – gesellschaftlichen Obliegenheiten sehr skeptisch gegenüberstanden. Die unkonventionelle »Herrengesellschaft« erhielt zusätzlich einen etwas anrüchigen Ruf, weil an ihr zwei junge Damen – Virginia und Vanessa Stephen – teilnahmen, die bald entdeckten, dass sie in diesem Kreise sehr gut und obendrein sehr frei mitreden konnten. An den Donnerstagabenden entstand bei Kakao, Gebäck und intensiven Gesprächen die Bloomsbury Group. Die jungen Akademiker gehörten während ihrer Studienzeit fast alle der elitären intellektuellen »Geheimgesellschaft« der Apostles an, die in der Adaption der Ideen von G. E. Moore Freundschaft und Schönheit, Common Sense und rationale Analyse hoch schätzten. Jeder Begriff, jede Frage musste vorab genau geklärt sein, bevor über Antworten diskutiert werden konnte. Die jungen, nach viktorianischen Grundsätzen erzogenen Damen, die es zu ihren Pflichten rechneten, das Gespräch während einer Geselligkeit ständig am Leben zu erhalten, mussten sich erst daran gewöhnen, dass nicht die bloße Konversation, sondern ein zuweilen bissiger Disput verlangt war, bei dem auch Gesprächspausen auszuhalten waren. Als dann noch das Tabuthema »Sex« auf die Bloomsbury-Agenda geriet, wurden die Gespräche offener, wurde der Umgang miteinander lockerer – und wurde die gesellschaftliche Reputation gründlich ruiniert. Vielleicht aber war es gerade das, was neben der unbestreitbaren künstlerischen Kreativität – Dichter, Maler, Kritiker gehörten zur Gemeinschaft – das Faszinosum von Bloomsbury ausmachte. Wenn auch der Stadtbezirk der Gruppe ihren Namen gab, so war es doch diese »Künstler-Clique«, die dem Viertel seine spezielle, auch heute noch die Touristen anlockende Bedeutung verschaffte.

Bloomsbury ist der Stadtteil der Squares, und an den meisten hat Virginia Woolf für kürzere oder längere Zeit gewohnt. Vom Gordon Square zog sie mit ihrem Bruder Adrian zum Fitzroy Square, dann zum Brunswick Square und später zum Tavistock Square, um sich gegen Ende ihres Lebens am Mecklenburgh Square einzumieten. Am Brunswick Square gesellten sich der Wirtschaftswissenschaftler John Maynard Keynes und der Kolonialbeamte Leonard Woolf zu den Geschwistern – eine Wohngemeinschaft, die das Entsetzen der Kensington-Verwandten hervorrief. Leonard, Sohn eines früh verstorbenen Anwaltes der Krone, hatte in Cambridge nicht so gut abgeschnitten wie erwartet und musste nun auf eine Karriere in Ceylon hoffen. Als Verwaltungsbeamter war er sehr erfolgreich und hätte wohl eine hohe Position erreichen können, wenn nicht seine Liebe zu Virginia ihn veranlasst hätte, den Dienst zu quittieren; 1912 heirateten sie. Wie seine Frau lebte er vom Schreiben, doch seine Themen waren politischer Art: Er edierte verschiedene Zeitschriften, agitierte für sozialistische Politik und war an der Entwicklung der theoretischen Grundlagen für den Völkerbund beteiligt.

Virginia und später auch Leonard nutzen die Squares als Erweiterung ihres Wohn- und Lebensraumes, wo man den Hund ausführte, sich sonnte, mit den Kindern spielte und nach dem Mittagessen spazieren ging. Angelica Garnett, die Tochter von Vanessa Bell und Duncan Grant, die mit ihrer Mutter am Gordon Square lebte, beschreibt in ihren Erinnerungen den Garten des Square als ein besonderes »Zimmer« für Kinder wie Erwachsene gleichermaßen: »Dem Haus gegenüber war ein kleiner Platz, umgeben von dem unvermeidlichen Eisengitter, das eine kleine Sonderwelt von Rasenflächen und Wegen, Ligusterhecken und Platanen und einer alten Traueresche einschloß, die über eine runde Holzbank herabhing. Das war mein Spielgelände [...] Der kleine Platz war auch ein Treffpunkt, wo ich, wenn man mich noch nicht ins Bett gesteckt hatte, eine Gruppe mir vertrauter Gestalten erblicken konnte [...]. Diesen Augenblick im gelben Abendlicht schienen sie besonders zu schätzen [...].« (FREUNDLICHE TÄUSCHUNGEN, 66) Vor allem – und das wird auch in diesem Text deutlich – war der Square ein Treffpunkt für die Bloomsberries in der städtischen Natur.

In ihren Tagebüchern berichtet Virginia Woolf von Gesprächen mit Keynes, Unterhaltungen mit Vanessa, Diskussionen mit Leonard – und dem kreativen Versenken in sich selbst: »[...] so habe ich The Lighthouse ausgedacht, eines Nachmittags hier im Square.« (14. März 1927) Und der Square-Garten bewahrt ihr die Sensibilität für die Natur und für die Jahreszeiten: »Der Frühling triumphiert. Krokusse bald vorbei. Narzissen & Hyazinthen heraus. Einige Kastanienblätter im Park im Stadium der Vogelkralle. Die Bäume [...] in den Squares noch kahl. Kleine Büsche völlig grün. Ich möchte Pflanzenaufzeichnungen für mein Buch machen.« (Tagebuch, 27. März 1935) Auch wenn Virginia Woolf keine detaillierten Aufzeichnungen macht, findet die Idylle der Squares doch Eingang in ihr Werk. In DIE JAHRE beschreibt sie eine nächtliche Sicht auf eine solche Anlage: »Sie standen mit dem Rücken am Gitter des Squares. Die Bäume breiteten dunkle Blätterschauer über sie. Die Bäume waren zu einem Teil des Himmels geworden. Hin und wieder schienen sie sich leicht zu rühren und zu regen, wenn ein Windhauch durch sie hindurchstrich. Ein Stern leuchtete zwischen den Blättern. Und es war still; das Murmeln des Verkehrs war zu einem fernen Summen verschmolzen.« (334)

Ein Square bleibt auch immer Anfang und Zentrum jener Stadtwanderungen, die Virginia Woolf gerne und voller Energie, Neugier und zuweilen voller Kauflust unternimmt. Mag es das leidenschaftliche Verlangen nach einem Bleistift sein, das sie auf die Straßen treibt, oder der nicht minder leidenschaftliche Wunsch, in Bücherläden zu stöbern – die beste Zeit dafür ist ein früher Abend im Winter, an dem die Luft champagnerklar ist und der die Empfindungen der Autorin für die Lebenswelt in Bloomsbury verstärkt. Diese Empfindungen beschreibt sie detailliert in der Skizze STADTBUMMEL: EIN LONDONER ABENTEUER: »Wie schön eine Londoner Straße dann ist mit ihren Lichtinseln und ihren langen Hainen der Dunkelheit, und auf einer Seite vielleicht eine mit Bäumen gesprenkelte, grasbewachsene Stelle, wo die Nacht sich zusammenfaltet, um auf natürliche Weise zu schlafen, und während man an dem eisernen Gitter entlanggeht, hört man das leise Rascheln und Knistern von Blatt und Zweig, das die Stille der Felder ringsumher, den Schrei der Eule und in der Ferne das Rattern eines Zuges im Tal vorauszusetzen scheint. Aber wir werden daran erinnert, daß dies London ist; hoch zwischen den kahlen Bäumen hängen längliche Rahmen von rötlich gelbem Licht – Fenster; Punkte hellen Glanzes brennen stetig wie niedrige Sterne – Lampen; dieser leere Boden, der das Land in sich trägt und seinen Frieden, ist nur ein Londoner Platz, umstanden von Büros und Häusern [...].« (DER TOD DES FALTERS, 25) In ihren Tagebüchern und Essays zeigt sich Virginia Woolf als weiblicher Flaneur und damit als ein bemerkenswertes Phänomen nicht nur in der englischen Literatur. Der Gang durch die Straßen der

Großstadt – beobachtend, reflektierend, kommentierend, ohne sich näher auf das Gesehene einzulassen – ist häufig Thema in ihren Texten. »Ich könnte stundenlang durch die dämmerigen Straßen in Holborn & Bloomsbury wandern. Die Dinge, die man sieht – & die man errät – das Durcheinander & die Aufregung & die Geschäftigkeit überall – Dazu kommt, daß Straßen voll drängelnder Menschen die einzigen Orte sind, die mich dazu bringen, das zu tun, was man im Falle eines anderen denken nennen würde.« (Tagebuch, 6. Januar 1915) Virginia Woolf ist häufig unterwegs, und während sie bei ihren Wanderungen über die South Downs ihr Werk gewissermaßen innerlich entwickelt – das Gehen ist dann wichtiger als das Sehen –, lässt sie beim Flanieren durch die Londoner Straßen das Gesehene zu Texten werden. Insofern ist sie durchaus einer sehr individualisierten Kunst des Flanierens verpflichtet, die ein deutscher Literat einmal die »Lektüre der Straße« nannte.

Sehr bald nach ihrer Heirat verlassen Leonard und Virginia Woolf Bloomsbury und ziehen in eine kleine Unterkunft in der Nähe der Fleet Street und des Temple. Clifford's Inn war selbst einmal Teil der Verwaltungsgerichtsbarkeit, der Inns of Chancery, die zum Inner Temple gehörten und mit den Inns of Court verbunden waren. Im Gegensatz zu diesen verloren die Inns of Chancery, deren Ursprünge ins 14. Jahrhundert zurückreichen, zunehmend an Bedeutung; sie wurden aufgelöst und ihre Gebäude verkauft. Als Letztes wechselte 1903 Clifford's Inn den Besitzer, weshalb es auch Nicht-Juristen wie den Woolfs möglich war, sich hier einzumieten. 1934 wurden die alten Gebäude abgerissen, nur das Torhaus blieb stehen. Im 19. Jahrhundert fand Clifford's Inn samt seinen exzentrischen Bewohnern Eingang in die Werke von Charles Dickens und Charles

Lamb und überlebte dadurch zumindest literarisch. Wenn man heute von der lauten und turbulenten Fleet Street in die kleine, leicht zu übersehene Passage zwischen Chancery und Fetter Lane einbiegt, die auf den Torbogen mit der Inschrift Clifford's Inn zuführt, kann man vielleicht noch ahnen, wie es hier früher aussah. Jetzt allerdings erinnert nur noch die Kirche St. Dunstan-in-the-West an alte Zeiten, und auch das fällt ihr schwer, da die hohen Bürohäuser, die an die Stelle der alten Gebäude gesetzt wurden, sie weit überragen. Die Anlage öffnet sich zu einer großen Rasenfläche hin, an der ein großes Bauwerk früher das Public Record Office beherbergte. Für Virginia Woolf war das Leben in der Nähe der verkehrsreichen Fleet Street und deren Fortführung Strand eine neue Erfahrung, die in ihren Beschreibungen des hektischen Lebens in der City einen Niederschlag findet. Darüber hinaus besaß die Fleet Street als Zentrum des Londoner, wenn nicht gar des englischen Zeitungswesens für das junge Ehepaar, das seine Zukunft auf eine schriftstellerische Tätigkeit gründen wollte, eine große Attraktivität.

Wichtig aber ist die Grünfläche an der Rückseite der Häuser und die damit verbundene Ruhe wie die Möglichkeit zur Erholung, und deshalb kann Virginia an eine Freundin im Oktober 1912 begeistert schreiben, dass die Wohnung sehr nett und das Wohnen komfortabel ist – mit *porter* und Hausbesorgerin wie in einem Cambridge College. Und für Leonard hat das alte Gemäuer Bezüge zur Vergangenheit, denn es scheint ihm, als könne jederzeit Dr. Samuel Johnson, der früher tatsächlich in der Nähe gewohnt hat, aus einer Türe treten. Nun, angeblich sollen nicht nur der berühmte Wörterbuchspezialist, sondern auch John Donne, Samuel Pepys und andere prominente Londoner zumindest der Kirche St. Dunstan verbunden gewesen sein. Die Begeisterung der Woolfs über ihre Unterkunft legte sich jedoch bald, denn die Wohnung war doch unbequemer als gedacht, wirkte ziemlich unsauber und laut, dank der Mitbewohner des Hauses – und all das konnte von der Grünanlage hinter dem Haus nicht ausgeglichen werden. Da Virginia wieder schwer krank wurde und intensiver Pflege wie größter Ruhe bedurfte, zog das Ehepaar aus dem Gewühl der Großstadt in die Überschaubarkeit einer Kleinstadt: 1914 mieteten sie einige Zimmer in Richmond, 17 The Green, bei einer belgischen Hauswirtin.

Wenn man heute nach Richmond fährt, nimmt man in der Regel die recht schnelle District Line, aber auch schon zu Zeiten der Woolfs kamen die Pendler aus dem Südwesten, also aus Surrey, ziemlich zügig nach London und zurück. Ist man in Richmond angekommen, führt der Weg vom Bahnhof zum Green – am Ausgang der Station wendet man sich nach links – ein kurzes Stück über den Quadrant, dann muss man die belebte George Street entlanggehen, um anschließend rechts durch die Brewers Lane Richmond Green zu erreichen. Nach dem quirligen Leben auf den Einkaufsstraßen umgibt einen nun die Ruhe eines Parks, der allerdings im Wesentlichen nur aus einer großen Rasenfläche besteht, die von Bäumen umstanden und von Straßen mit Häuserzeilen im Georgian Style umgeben ist. Bereits im Mittelalter fanden hier Turniere und Wettkämpfe statt, und am Rande des Green stand ein königlicher Palast. Diese große, fast quadratische Grünfläche ist ein Ort der Begegnung für die Einwohner der kleinen Stadt, wenn sie Mittagspause machen oder sich zum Picknick treffen. Fast schon traditionell wird zumeist am Samstagnachmittag ein Kricket-Match ausgetragen, bei dem sich die Spieler die große Rasenfläche mit vielen Erholungsuchenden teilen müssen. Nicht unbeträchtlich wird die Samstagsruhe dadurch gemindert, dass die Einflugschneise des Flughafens Heathrow über die Köpfe der Spielenden und Ruhenden hinwegführt. Wer dann eine andere Art von Ruhe sucht, ist in dem – bezeichnenderweise »The Cricketeers« heißenden – Pub gut aufgehoben. In ihrem Tagebuch beschreibt Virginia Woolf das Quirlige eines Wochenendes im Vorort: »[…] Richmond ist samstags bei schönem Wetter wie ein Zitronenbaum in voller Blüte – man fühlt sich wie ein Insekt, das auf einer Blüte sitzt. Überall wimmelt & schwirrt & plappert es. Weil wir in der Gegend wohnen, machen wir natürlich nicht mit.« (15. Mai 1920)

Das Haus, in dem die Woolfs lebten, ist äußerlich relativ unverändert – abgesehen von einem Lieferanteneingang, der seinerzeit natürlich noch nicht notwendig war. Wenn man aus der Tür tritt, blickt man über die weite Rasenfläche, und mit wenigen Schritten ist man entweder – nach links gewendet – an der Themse und kann an deren Lauf entlang Richtung Kew gehen oder man schlägt den Weg geradeaus zum Old Deer Park ein. Für die leidenschaftliche Spaziergängerin Virginia Woolf bot die neue Wohnung somit viele Möglichkeiten, sehr schnell aus einem Wohnviertel ins Grüne zu gelangen. Und das war auch notwendig, denn trotz der schönen Lage waren die Wohnverhältnisse recht beengt und das Leben in dem von mehreren Mietern bewohnten Haus nicht sonderlich komfortabel. Virginia Woolf nennt es ein »Problemhaus«, da Rohre brechen oder verstopfen, das Dach undicht ist und das hysterische Zimmermädchen versucht, das Gebäude durch ihr Ungeschick in Brand zu setzen. Doch der Blick auf den Park, wie Virginia die

Grünfläche nennt, beruhigt, sogar an Tagen »grauer Verwirrung – weich wirbelnder, nicht enden wollender Schnee. […] Der Park ist sehr hübsch; & erhellt den Raum mit seinem reinen blendenden Weiß.« (Tagebuch, 22. Januar 1915) Vielleicht lässt sie aus all diesen Gründen in DIE JAHRE die alte Dienerin der Familie Pargiter, als sie außer Diensten ist, nach Richmond in ein kleines Zimmer am Green ziehen: »Schnee fiel, während die Droschke durch die Straßen rumpelte. […] als sie zum Richmond Green einbog, war die ganze riesige Fläche völlig weiß. Niemand schien den Schnee dort überquert zu haben; alles war weiß. Das Gras war weiß; die Bäume waren weiß; das Geländer war weiß; die einzigen Flecke in dem ganzen weiten Bild waren die Krähen, die schwarz zusammengedrängt in den Baumwipfeln saßen.« (201) Nebenbei: Heute ist die Wohngegend um Richmond Green eine der teuersten und gefragtesten von London und Umgebung.

Richmond bot die Ruhe, die Virginias empfindliches Nervensystem brauchte, aber diese Ruhe war für sie auch Langeweile und Ausgeschlossensein vom Londoner Leben. Wurden diese Gefühle zu stark, beschloss sie, »nach London zu fahren, um das Getöse an der Strand zu hören, was man sich nach ein oder zwei Tagen Richmond wirklich wünscht, finde ich. Irgendwie kann man Richmond nicht ernst nehmen. Wir haben immer Ausflüge hierher unternommen, das wird es sein; & das ist ein Teil seines Charmes, aber man wünscht sich manchmal das ernsthafte Leben.« (Tagebuch, 28. Januar 1915)

Nun werden die Ausflüge in die andere Richtung, nach London gemacht. Manchmal ist man dabei auch auf der Suche nach einem anderen Haus, doch Virginias fragile Gesundheit lässt einen Umzug innerhalb Richmonds sinnvoller erscheinen. Das

Ehepaar hatte Hogarth House in der Paradise Road angeboten bekommen, aus dem 18. Jahrhundert stammend und – wie auch die meisten Häuser am Green – im Georgian Style gebaut. Dort hätten sie ebenfalls ein Haus beziehen können, das zwar nicht so schön wie Hogarth House war, jedoch den Park vor der Tür hatte. Sie entschieden sich für das Haus in der Paradise Road, etwa fünf Minuten Fußweg vom Bahnhof entfernt. Virginia Woolf beschreibt es später in einem Brief als hübsch, schäbig, alt, sehr solide und unglaublich unordentlich, aber da hatten sie und Leonard schon den Verlag The Hogarth Press gegründet und aus dem Haus eine Art Offizin gemacht, und die zu lesenden und zu druckenden Manuskripte, die zu besprechenden Bücher und die zu bearbeitenden Bestellungen füllten viele der Zimmer. Hinter dem Haus war ein nicht sonderlich großer Garten, in dem Blumen und Gemüse angebaut wurden, der aber wohl für Leonard keine große Herausforderung gewesen sein dürfte. Versucht man heute in dem schmalen Gang neben Hogarth House einen Blick über die hohe Mauer zu werfen, sieht man nur die Äste einiger Bäume, unter denen Rasen zu vermuten ist.

Auch Hogarth House war für die Woolfs Ausgangspunkt für weite Spaziergänge. Von den rückwärtigen Fenstern aus konnte man bei gutem Wetter die Pagode von Kew Gardens sehen, und dieser Botanische Garten war häufig das Ziel von Virginias Ausflügen. Geht man die Paradise Road Richtung Themse, so gelangt man bald zum Richmond Hill, der – bergauf zum Richmond Park führend – durch Bäume hindurch den Blick auf den Fluss ermöglicht. Der Park ist der größte in London; er breitet sich über mehr als 900 Hektar aus, die mit einer Variation von Wald, Grasflächen, Feuchtgebieten und Moor vielfältiger Flora und Fauna Entfaltung bieten. Charles I. wählte dieses Gebiet 1637 als Jagdrevier, und auch heute noch stößt man auf Rotwild und andere jagdbare Tiere. Virginia und Leonard Woolf spazierten häufig, auch gemeinsam mit Freunden, durch den Park. »Wir gingen heute nachmittag in den Richmond Park; die Bäume ganz schwarz, & der Himmel schwer über London; aber es ist genug Farbe da, daß er heute sogar schöner aussieht als an sonnigen Tagen, finde ich. Die Rehe passen genau zu dem Farnkraut.« (Tagebuch, 19. Januar 1915) Da der Park auch für den Autoverkehr freigegeben ist, absolvierte Virginia hier einige Fahrübungen mit dem neuen Auto – wenn auch nicht mit bleibendem Erfolg.

Ein anderes Ausflugsziel im Stadtbezirk von Richmond war für die Woolfs das Schloss Hampton Court mit seinem Park und seinen Gärten. Das größte königliche Schloss bezieht seinen Ruhm aus der engen Verbindung zu Heinrich VIII., wie denn vermeintliche Scheusale der Historie immer eine besondere Faszination erregen. Der eigentliche Bauherr des Palastes war 1514 Kardinal Wolsey, Erzbischof von York, der das Schloss seinem König zum Geschenk machte, um sich dessen Gnade zu versichern. Doch da es ihm nicht gelang, für Heinrich die päpstliche Genehmigung zur Scheidung zu erlangen, ging er nicht nur des Schlosses, sondern auch der Gnade verlustig. Das Schloss wurde im Auftrag von William und Mary Ende des 17. Jahrhunderts von Christopher Wren umgebaut. Auch die barocke Gartenanlage mit ihren Lindenalleen und Eibenwegen geht auf seine Entwürfe zurück.

Mehr als zweihundert Jahre war das gesamte Anwesen der Machtmittelpunkt Englands, bis die königlichen Hoheiten sich stärker nach London orientierten; diese Vergangenheit macht

Hampton Court zu einer besonderen Attraktion für Touristen. Im Sommer verlangt eine Besichtigung von Schloss und Garten Geduld und die Fähigkeit, architektonische wie horticultürliche Schönheit trotz riesiger Menschenmassen wahrzunehmen, doch die Woolfs scheinen bei ihren sommerlichen Besuchen immer das Glück einer gewissen Einsamkeit erfahren zu haben. Im Winter sind sie mehrfach zum Schlittschuhlaufen dort – ein Vergnügen, für das heutzutage extra eine Eisbahn vor dem Schloss angelegt wird. Virginia Woolf schreibt in ihrem Tagebuch:»Wir fuhren nach Hampton Court, zum ersten Mal seit wir dort Schlittschuh liefen, glaube ich. [...] Die goldene Statue war von Eis umgeben, & auf dem Eis standen zwei Zentimeter Wasser; ich stieß durch mit meinem Regenschirm. Die Beete in Hampton Court sind einförmig braun, bis auf eine gelbe & eine rosa Blume. Primeln, glaube ich.« (5. Januar 1918)

Great houses und ihre Geschichte interessieren Virginia genau genommen erst, als sie Vita kennen lernt, durch die Freundin mit Knole vertraut wird und die Zimmer und Gärten des Schlosses von Orlando durchstreifen lässt. Doch bereits die Besuche in Hampton Court lassen Virginia ein Gefühl für die Schönheit und Exklusivität derartiger Bauten entwickeln, für die Sinnlichkeit der Historie, die sie auch ihren Figuren vermittelt. In dem Roman DIE WELLEN ist Hampton Court ein Ort, den die Personen aufsuchen, um über Schicksalsschläge hinwegzukommen und um einander nach vielen Jahren wiederzutreffen, wobei sie bewusst diese Stätte gewählt haben. Nach dem plötzlichen Tod des jungen, schönen Percival – gestaltet nach Virginias früh verstorbenem Bruder Thoby – pflückt Rhoda Veilchen als Tribut an den Toten und überlegt:»[...] soll ich nach Hampton Court fahren und die roten Mauern betrachten und die Innenhöfe und das schickliche Verhalten einer Herde von Eiben, die symmetrisch schwarze Pyramiden auf dem Gras zwischen den Blumen bilden? Dort werde ich die Schönheit wiederfinden und meiner aufgewühlten, aufgelösten Seele Ordnung aufprägen? Doch was kann man in der Einsamkeit schaffen? Ich würde allein auf dem leeren Rasen stehen und sagen, Die Krähen fliegen; jemand geht mit einer Tasche vorbei; da ist ein Gärtner mit einem Schubkarren.« (126)

Viele Jahre später treffen sich die Protagonisten in einem Gasthaus, dem Schloss gegenüber gelegen, erinnern sich an ihre Jugend, an ihre Freundschaft und gehen gemeinsam durch den nächtlichen Park, der ihre Erinnerungen intensiviert und ihnen ihre Gefühle füreinander wieder bewusst macht. Die Dunkelheit der Alleen, die Größe der mit Blumen bepflanzten Urnen lassen sie einhalten und Vergangenheit wie Zukunft reflektieren. »›Es ist wahr, und ich weiß es ganz sicher‹, sagte Bernard, ›während wir diese Allee entlanggehen, daß ein König beim Reiten hier über einen Maulwurfshügel stürzte. [...] ich versuche, während wir gehen, das Gefühl für Zeit wiederzugewinnen, aber mit dieser strömenden Dunkelheit vor den Augen habe ich den Zugriff verloren. Dieser Palast scheint leicht wie eine Wolke, die einen Augenblick am Himmel steht.‹« (177) Das royale Ambiente beeindruckt und fordert zum Spott heraus, und vielleicht ist es Virginia Woolfs ambivalente Haltung zu adeliger Pracht, die das Gespräch der sechs Menschen mit bestimmt.

Hampton Court kann Virginia aber auch zu bemerkenswerter Frivolität stimulieren. Vermutlich 1927 schreibt sie an ihre Freundin Vita Sackville-West, sie solle sich ihres Mannes entledigen, und dann würden sie abends nach Hampton Court gehen, am Flussufer dinieren, im Mondlicht durch den Garten spazieren, spät heimkommen und mit einer Flasche Wein sich einen leichten Rausch antrinken. Und sie, Virginia, würde all das erzählen, was sie in ihrem Kopf an tausendfachen Gedanken habe, die sich nur nachts am Fluss bemerkbar machen würden. Und dann noch einmal die nachdrückliche Aufforderung an Vita, ihren Mann aufzugeben. So derb und fast brutal formuliert Virginia sonst nicht ihr Werben um die Freundin. Und auch das berühmte Schloss samt Park und Gärten bleibt gemeinhin Gegenstand ernsterer literarischer Betrachtungen.

Die meisten der Parks, Grünflächen oder Gärten in London selbst oder in der Umgebung waren für Virginia Woolf eine ständige, gern genutzte Rückzugsmöglichkeit zum Ausruhen, Meditieren und Diskutieren. Bei einem Besuch in Cambridge jedoch musste sie erfahren, dass ihr als Frau nicht jeglicher Raum, nicht jede Grünanlage offen stand. Ihr Vater und ihre Brüder hatten in Cambridge studiert, hatten zum Trinity College gehört, und auch viele der (männlichen) Bloomsberries konnten ihre Intellektualität in der nordöstlich von London gelegenen Universitätsstadt ausbilden – Virginia Stephen und ihrer Schwester jedoch waren derartige Möglichkeiten noch verschlossen gewesen. Zum einen hätten ihnen zumindest die beiden ältesten und traditionsreichsten Hochschulen Englands nur ein Studium ohne den Erwerb akademischer Grade geboten; diese Perspektive eröffnete Cambridge, dessen Studenten mehrfach geradezu militant gegen die Graduierung von Frauen votiert hatten, erst 1948. Zum anderen wandte man größere finanzielle Mittel nur für die Ausbildung der Söhne auf; während Thoby und Adrian mit mehreren Tausend Pfund für ihr Studium in Cambridge alimentiert wurden, beklagt Virginia ihre »100-Pfund-Bildung«. Für sie blieb nichts anderes als häuslicher Privatunterricht, der von den Eltern überwacht wurde und immerhin auch Latein und Griechisch einschloss. Ferner konnten die Töchter die umfangreiche Bibliothek des Vaters nutzen. Aber auch wenn es kaum etwas Schöneres gibt, als vor einer großen Bücherwand zu stehen, die zahllosen Rücken lustvoll zu inspizieren und dann – je nach Interesse und Neigung – ein Buch aus dem Regal zu ziehen und sich in dieses zu vertiefen, so ist damit jedoch keine systematische intellektuelle Erziehung verbunden. Da Virginia von klein auf eine begeisterte, ja geradezu leidenschaftliche Leserin war, hatte sie wohl auch einmal die trügerische Hoffnung gehabt, vielleicht zum Studium in Cambridge zugelassen zu werden. Doch lange Zeit bot dieser Ort nur einen Anlass, die Brüder während deren Studium am Trinity College zu besuchen – bezeichnenderweise immer in Begleitung einer Anstandsdame. Er war aber auch – wenn man einige der Texte von Virginia Woolf genauer liest – ein Ort intensiver Sehnsucht.

Im Roman JACOBS ZIMMER erscheint dieses Verlangen transponiert in die Erfahrungen eines jungen Mannes am Trinity College. Er ist Mitglied einer alten und sich dennoch mit jedem Trimester neu konstituierenden akademischen Gemeinschaft, die hinter alten Mauern – Heinrich VIII. gründete das College 1546 – lernt, liest, diskutiert und die Welträtsel löst. Virginia Woolf beschreibt diese Welt als eine universitäre und sehr exklusive Idylle, zu der Nichtmitglieder nur wie zu einer Besichtigung Zutritt haben. Diese sehen das Licht über Cambridge brennen, das aus Collegezimmern kommt: »[…] hier brennt Griechisch; dort Naturwissenschaft; im Erdgeschoß Philosophie.« Und dann fahren sie wieder nach London zurück, »denn das Vergnügen ist vorbei«. Für Jacob und seine Freunde aber, die noch nicht wissen, dass der Krieg bald ihre Existenz vernichten wird, ist das Vergnügen des Collegelebens ständig in unterschiedlicher Weise präsent. Das College erstreckt sich von der Hauptstraße der Stadt bis zu den Ufern der Cam, von der Lebendigkeit des Alltags in die Ruhe der Gelehrsamkeit. Wenn man die belebte Trinity Street verlassen hat und durch das Great Gate in die Ruhe eintritt, befindet man sich auf dem ersten der drei Courts, um die herum die Collegegebäude errichtet wurden. Geht man weiter, kommt man an der Hall, dem Speisesaal, vorüber, passiert einen Gang und steht in dem noch ruhigeren Nevile's Court, den an einer Seite die von Christopher Wren erbaute Bibliothek begrenzt. In diesem Court hat Jacob sein Zimmer:»Im Neville's [!] Court wird es lange vor Mitternacht völlig dunkel sein, nur die Säulen gegenüber werden immer weiß sein, und das Pflaster. Eine sonderbare Wirkung hat das Tor, wie Spitze auf blassem Grün.« (JACOBS ZIMMER, 40) In diesem Hof mit seinem kurz geschorenen Rasen konzentriert sich auch das Leben und das Denken der jungen Männer, die Fülle ihrer Gedanken von Säulen eingerahmt: »Alle Lichter um den Hof herum kamen heraus und fielen auf das Kopfsteinpflaster, hoben dunkle Rasenstücke hervor und einzelne Gänseblümchen. Die jungen Männer waren jetzt wieder in ihren Zimmern. [...] Und über einen schäumenden Blumenkasten hinausgebeugt, hielt einer einen anderen auf, der vorbeieilte, und hinauf gingen sie und hinunter gingen sie, bis eine Völle über den Hof kam, der Stock voller Bienen, die Bienen daheim, dick von Gold, schläfrig, summend, plötzlich melodiös; die Mondscheinsonate beantwortet von einem Walzer.« (JACOBS ZIMMER, 44)

Hampton Court:
Teil der auf Entwürfe von
Christopher Wren zurückgehenden
barocken Gartenanlage

oben:
St. James's Park mit Blick auf
Buckingham Palace

rechte Seite oben:
Gordon Square im Stadtteil Bloomsbury

rechte Seite unten:
Häuserfront am Gordon Square

linke und diese Seite:
Charleston Farmhouse:
Haus und Garten

oben:
Museum Nr. 1 in Kew Gardens,
eröffnet 1858

linke Seite oben:
Kew Gardens im April,
im Hintergrund der Äolus-Tempel
(historische Aufnahme)

linke Seite unten:
Queen's Cottage in Kew Gardens,
erbaut um 1760
(historische Aufnahme)

folgende Seite:
Palmenhaus in Kew Gardens

Der Court bietet in seiner Ähnlichkeit mit einer Klausur Raum für Treffen und konzentrierte Gespräche und ist insofern den Squares in Bloomsbury vergleichbar. Hier aber ist Virginia Woolf ausgeschlossen, obwohl sie sich innerlich zugehörig fühlt – nicht den jungen Männern, sondern prinzipiell einer Gesellschaft denkender, wissbegieriger, lesender Menschen. Doch ist es ihr verwehrt, die akademische Lebenswelt der Männer – außerhalb der Besuchszeiten – auch nur zu betreten. Ihr empörtes und empörendes Manifest EIN EIGENES ZIMMER – früher unter dem Titel EIN ZIMMER FÜR SICH ALLEIN in Deutschland erschienen –, das nicht zuletzt auf Grund ihrer Erfahrungen in Cambridge entstand, fordert für die Frauen die gleichen akademischen und intellektuellen Rechte und Pflichten, wie sie von den Männer mit völliger Selbstverständlichkeit wahrgenommen wurden. Bezeichnenderweise knüpft Virginia Woolf ihre Betrachtungen an ein bestimmtes Stück Natur, das in allen Colleges zu finden ist. Die Berichtende, deren Namen die Autorin der Wahl des Lesers anheim stellt, betritt – in Gedanken versunken – den Court eines Colleges (vermutlich Trinity): »So kam es, daß ich in außerordentlicher Eile über eine Grasfläche ging. Augenblicklich erhob sich die Gestalt eines Mannes, um mir den Weg abzuschneiden. Anfangs verstand ich gar nicht, daß das Gestikulieren des seltsam aussehenden Ungetüms in Gehrock und Frackhemd an mich gerichtet war. Sein Gesicht drückte Entsetzen und Entrüstung aus. Instinkt, nicht Vernunft, kam mir zur Hilfe; er war Pedell; ich war eine Frau. Dies war der Rasen; dort war der Weg. Hier sind nur die Fellows und die Gelehrten zugelassen; mein Ort ist der Kies. [...] Welche Idee mich zu so kühner Übertretung veranlaßt hatte, wußte ich jetzt nicht mehr. Der Geist des Friedens senkte sich wie eine Wolke vom Himmel, denn wenn der Geist des Friedens irgendwo wohnt, dann in den Höfen und Gevierten von Oxbridge, an einem schönen Oktobermorgen.« (EIN EIGENES ZIMMER, 11)

Aber nicht nur der Rasen ist ihr versperrt, sondern auch die Chapel und die berühmte Bibliothek, reich an bibliophilen Kostbarkeiten, bleiben ihr verschlossen, und damit Orte, die ihren Neigungen besonders entsprechen. Aus der Distanz betrachtet, sind diese Restriktionen vielleicht gar nicht so dramatisch, denn auch heute noch ist in Trinity (wie in anderen Colleges) das Betreten des Rasens den Studierenden und College-Fremden unabhängig vom Geschlecht verboten, und auch alte Bibliotheken haben häufig einen eingeschränkten Benutzerkreis. Doch für Virginia Woolf stehen die Verbote für alle Hindernisse, mit denen Frauen der Zugang zu akademischer Bildung verwehrt wird. Der College Court wird nie von ihr als ein gewissermaßen *eigenes Zimmer* vereinnahmt werden können. Vielleicht resultiert auch daraus ihre Vorliebe für die Bloomsbury Squares, die ihr ein befriedetes eigenes Zimmer im Freien offerieren – formal den Courts nicht unähnlich.

Der Zorn über die ungleichen Lebenswelten und Lebenschancen von Männern und Frauen und damit zugleich die Erbitterung über die verderbliche Wirkung, die Männermacht auf den Gang der Weltgeschichte haben kann, finden noch sehr viel stärker ihren Ausdruck in dem Essay DREI GUINEEN, 1938 erschienen, nicht zufällig in der historischen Situation kurz vor Ausbruch des Zweiten Weltkrieges. Auch hier beklagt Virginia Woolf die trotz fortschrittlicher Gesetzgebung immer noch herrschende Diskriminierung, durch die den Frauen gleichwertige Bildungs- und Berufschancen vorenthalten werden. Aber es sind nicht nur soziale Gründe, die Virginia Woolf so vehement die Aufnahme in ein College wünschen lassen. Nicht weniger stark scheint das emotionale Verlangen zu sein, in diese traditionsreiche Gemeinschaft integriert zu werden, in diesen alten Gebäuden wohnen zu dürfen, in ehrwürdigen Bibliotheken arbeiten zu können und das Recht zu haben, in luxuriös wirkenden Halls zu dinieren. Und, nicht zu vergessen: Falls sie akademisch reüssiert hätte, wäre das Betreten des Rasens für sie nicht mehr verboten gewesen, und obendrein hätte sie in Trinity auch die Schönheit des Fellows' Garden, einer der Allgemeinheit verschlossenen Gartenanlage, genießen können. Diese Privilegien – und als solche versteht Virginia Woolf diese Bestimmungen – waren zuvor von ihrem Vater Leslie Stephen und vielen anderen bedeutenden Wissenschaftlern und Dichtern von Newton bis Byron und Thackeray in Anspruch genommen worden, und später dann zum Beispiel von Bertrand Russell, Rutherford und Wittgenstein.

Für den erzwungenen Verzicht auf all diese Möglichkeiten gibt es einen, wenn auch schwachen Trost, und Virginia Woolf beschreibt ihn in dem kurzen Prosastück EIN FRAUENCOLLEGE VON AUSSEN, das wohl ursprünglich als ein Kapitel in JACOBS ZIMMER vorgesehen war. Dieser Text lässt den Himmel über Cambridge, das Licht in der Nacht auch den studierenden Frauen als bedeutungsvolles Element zuteil werden, das sie in die akademische Welt integriert. Die imaginierte Erfahrung des Collegelebens macht eine Studentin namens Angela: »Der fedrig-weiße Mond ließ den Himmel nicht dunkel werden; die ganze Nacht waren die Kastanienblüten weiß im Grün, und matt war der Kerbel auf den Wiesen. Weder in die Tartarei, noch nach Arabien zog der Wind der Courts von Cambridge, sondern zögerte träumerisch inmitten grau-blauer Wolken über den Dächern von Newnham. Wenn sie Platz brauchte zum Umherwandern, konnte sie ihn unter Bäumen finden, dort, im Garten; und da nur Frauengesichter ihrem Gesicht begegnen konnten, entschleierte sie es vielleicht ausdruckslos, leer, und sah in Zimmer hinein, in denen […] zahllose Frauen schliefen. Aber hier und da brannte noch ein Licht.« (DAS MAL AN DER WAND, 177)

In der Beschreibung von Virginia Woolf hat die (weibliche) Collegewelt durchaus traumhafte Züge, was nicht nur mit der nächtlichen Szenerie zusammenhängt. Cambridge und seine Universität waren für die Autorin auch ein Fokus nicht immer eingestandener Sehnsüchte und Wünsche – und vielleicht deshalb zuweilen auch polemisch geschildert. Ein Besuch in Girton, bei dem Virginia Woolf einen Vortrag vor den Studentinnen hält, der später Teil des Essays EIN EIGENES ZIMMER wird, erfüllt nicht ganz die Erwartungen der Autorin. Die Kollegiatinnen zeigen nicht hinreichend Respekt vor der inzwischen berühmt gewordenen Schriftstellerin und lassen sich weder von Alter noch von Ansehen beeindrucken. Sie wirken – so die nicht sonderlich positive Einschätzung von Virginia Woolf – eifrig, selbstbezogen, intelligent, ausgehungert, aber tapfer und dazu bestimmt, »in Schwärmen Schulmeisterinnen zu werden«. Diese Profession scheint in der Hierarchie angesehener Berufe bei Virginia Woolf nicht gerade hoch angesiedelt zu sein; wenn man schon den Vorzug genießt, ein College besuchen zu dürfen, dann sollte man sich wohl ein höheres Ziel stecken. Obendrein macht das Gebäude in seiner gotischen Kälte schaudern: »Die Korridore von Girton sind wie Gewölbe in einer fürchterlichen hochkirchlichen Kathedrale – hören & hören

nicht auf, kalt & glänzend – mit einer brennenden Lampe.«
(Tagebuch, 27. Oktober 1928)

Und dennoch lässt die Beschreibung des Frauencolleges –
nominell von außen, tatsächlich jedoch hineingespürt ins Innere – die Intensität uneingestandener Wünsche ahnen. Die jungen Frauen leben ebenso wie ihre Kommilitonen in eigenen,
mit Namensschild ausgewiesenen Zimmern, treffen sich nach
der Arbeit zu Gesprächen in ihren Räumen, dabei den Blick
auf den Garten gerichtet. Und wieder ist es eine solche Grünanlage, die Gefühle und Erfahrungen gleichermaßen konzentriert und zu einer Ganzheit der fiktiven Realität werden lässt:
»Als sie alle zusammen lachten, zwitscherte draußen im Garten
ein Vogel im Schlaf, als sei das Lachen – Ja, als sei das Lachen
[…] ganz ähnlich wie Nebel hinausgetrieben und hätte sich mit
weichen elastischen Fasern an Pflanzen und Sträucher geheftet,
so daß der Garten dunstig und wolkig schien. Und dann würden die Sträucher sich vom Wind zerzaust neigen, und der
weiße Dunst über die Welt fortwehen. Von allen Zimmern, in
denen Frauen schliefen, ging dieser Dunst aus, heftete sich an
Sträucher, wie Nebel, und wehte dann ungehindert fort ins
Weite.« (DAS MAL AN DER WAND, 179)

Diese traumhafte Atmosphäre, sehr gegensätzlich zu der in
einem College vermuteten Rationalität, drückt vielleicht stärker den Wunsch von Virginia Woolf nach Teilhabe an der ihr
von den Eltern und der Gesellschaft verweigerten Welt des
Studiums und der Erkenntnis aus, als es die Polemik von EIN
EIGENES ZIMMER vermag. Allerdings könnte man der Beziehung zwischen Virginia Woolf und einigen Colleges von Cambridge ein gewisses Happy End zugestehen, insofern sie nämlich mehrfach zu Vorträgen eingeladen wurde, man sie also der

Erkenntnisvermittlung für würdig hielt. Besonders bedeutsam ist hier die Ehre, die der Schriftstellerin das von ihr geschmähte und zugleich verehrte Trinity College antrug. Im Februar 1932 erhielt Virginia Woolf vom Master des College eine Einladung, die *Clark Lectures* zu halten – eine Vorlesungsreihe zur englischen Literatur, die 1888 begonnen hatte mit Vorträgen von Leslie Stephen. In ihrem Tagebuch kann Virginia ihren Stolz nicht ganz verhehlen:»Es ist vermutlich das erste Mal, daß man eine Frau einlädt; & also ist es eine große Ehre – man stelle sich vor, ich, das ungebildete Kind, das Bücher liest in seinem Zimmer in H. P. G. 22 – jetzt zu diesem Ruhm gelangt. Aber ich werde absagen […].« (Tagebuch, 29. Februar 1932) Es war auch für siebzehn Jahre das letzte Mal, dass eine Frau eingeladen wurde!

Diese Selbstreflexion ist natürlich nicht ohne Koketterie, denn Virginia Woolf ist sich inzwischen ihrer Bedeutung durchaus bewusst. Und sie wird sicher wissen, welche prominenten Redner, darunter etliche Bloomsberries, zu den Vortragenden gehörten – so zum Beispiel 1925 John Middleton Murry, der Mann von Katherine Mansfield, 1926 Thomas Stearns Eliot, dessen erste Werke in der Hogarth Press veröffentlicht wurden, 1927 Edward Morgan Forster, dessen Kritik Virginia Woolf immer besonders sorgenvoll entgegensah, 1929 Desmond Mac-Carthy, auf dessen großen Roman Bloomsbury vergeblich wartete, und 1938 Harold Nicolson, um nur einige zu nennen. Und in dem Hochgefühl, das Virginia empfindet, stellt sie sich den Stolz vor, den ihr Vater gespürt hätte. In ihrem Tagebuch schreibt sie:»[ich] ergehe mich in dem Gedanken, daß Vater rot geworden wäre vor Freude, hätte ich ihm vor 30 Jahren sagen können, daß seine Tochter – meine arme kleine Ginny –

eingeladen werden würde, seine Nachfolge anzutreten: diese Art von Kompliment hätte ihm gefallen.« (29. Februar 1932)

Am nachhaltigsten haben sicher jene Vorlesungen gewirkt, die Virginia Woolf im Oktober 1928 in den Frauencolleges Newnham und Girton in Cambridge hielt. In überarbeiteter Fassung wurden sie die Grundlage für den Essay EIN EIGENES ZIMMER, dessen Wirkung auf Generationen junger Frauen nicht hoch genug eingeschätzt werden kann – auch wenn Virginia Woolf diesen Text sicher nicht als feministisches Manifest verstanden wissen wollte. Vielleicht aber hätte sie ein anderes Nachspiel amüsiert! Das Newnham College weist in seiner Selbstdarstellung für Studienbewerberinnen ausdrücklich darauf hin, dass man in Newnham den Rasen betreten dürfe.

Squares in Bloomsbury heute

London hat, über das gesamte Stadtgebiet verstreut, mehr als hundert Squares, grüne friedliche Erholungszonen mit Häusern und Gebäuden um einen zentralen, meist rechteckigen Garten oder kleinen Park. Die meisten von ihnen entstanden im 18. und besonders im 19. Jahrhundert, und dementsprechend haben die sie umgebenden Häuserzeilen, die Terraces, georgianische oder viktorianische Fassaden. Der Square im eigentlichen Sinn ist der zentrale Garten einer größeren Anlage, von schmiedeeisernen Zäunen und dazu passenden Toren zu Bürgersteig und Straßen abgegrenzt von den dahinter liegenden Terraces, auf der inneren Seite dieser Abgrenzung von hohen Heckensträuchern und großen alten Bäumen begleitet.

Die Vielfalt der Bäume und Pflanzen dieser idyllischen grünen Erholungsflächen lädt zum Schauen und Genießen ein. Die Genera der riesigen alten Bäume haben sich in zweihundert Jahren wenig geändert. Heute wie früher dominieren Rosskastanien, Eichen und Platanen, Linden und Eschen, Birken und Ahorn, wobei besonders Letztere im Herbst mit ihren leuchtend gelben und roten Laubtönen bezaubern. Meist stehen die Bäume am Rand der Gärten vor den schmiedeeisernen Gittern, mit Kletterpflanzen, Hecken und Sträuchern vermischt: Efeu und Stechpalmen, Weißdorn und Hainbuchen, Liguster und Holunder. Dazwischen, davor und auch sonst im Square-Garten verstreut finden wir als blühende Gewächse alle möglichen Sorten von Magnolien, Goldregen und Jasmin, Rhododendren und Schneeball, Spiräen und Flieder. Die großen alten Bäume tauchen nicht nur im Umgrenzungsbereich der Squares, sondern auch einzeln oder in kleinen Gruppen mitten in den Rasenflächen des Gartens auf, wo sie besonders gut zur Geltung kommen und wo Virginia Woolf sie am Gordon Square oft betrachtete.

Auch in der Hecken- und Sträucherlandschaft der Squares hat sich nur Marginales verändert beziehungsweise vermindert. Der Sennesblätterstrauch – wohl aus den Kolonien eingeführt –, Maulbeere, Mandel- und Feigenbäumchen, Beeren- und Weinsträucher sind verschwunden oder selten geworden, dasselbe gilt für Lorbeer und Zierobst, Myrte und Granatapfel. Die Rasenflächen zum erholsamen Sitzen und Liegen mit Zeitung oder Buch, für Spiel und Sport – fast wie in Campusgärten – sind eher größer als früher. Die Wege blieben so zahlreich und geschwungen wie eh und je.

Was sich dagegen sehr verändert hat, parallel zu der Umwandlung vieler privater in öffentliche Gärten, ist die früher so reichhaltige Blumenflora. Schmückende Blumenbeete und Brunnenrondelle mit Stiefmütterchen, Nelken und Glockenblumen, Lilien und Phlox, Verbenen und Pelargonien, Eisenhut und Astern und natürlich Rosen, jede Menge von Strauch- und Kletterrosen, erfreuten Auge und Herz der damaligen Spaziergänger und der Betrachter in ihren Liegestühlen. Heute ist von dieser Blumenpracht in den öffentlich zugänglichen Squares

nur wenig geblieben, vor allem sind es die zahlreichen Schneeglöckchen, Krokusse und Narzissen im Frühling und im Sommer und Herbst die pflegeleichten und etwaige Diebe mit ihren Stacheln abschreckenden Rosen. Rosen der verschiedensten
Sorten und Farben, einzeln und in Gruppen, kleine Büsche und
hohe Kletterrosen, Rosen in Hülle und Fülle – sie bestimmen
heute das Blütenspektrum der Squares.

Gärten der Kunst
und der Literatur
oder
Vanessa Bell malt Blumen
und andere Lebewesen

Es scheint immer ein Ausdruck von Forscherdrang und kulturellem Interesse zu sein, ist aber meistens ein Akt von Sensationslust und Indiskretion: die Lektüre von Briefen und Tagebüchern prominenter Menschen oder der Besuch ihrer Häuser, die häufig in Museen verwandelt wurden. Virginia Woolf allerdings ist da anderer Meinung; sie nennt es in ihrem Essay über die Häuser von Berühmtheiten ein Glück, dass immer mehr Domizile von Dichtern und anderen Künstlern für die Nation angekauft werden und damit der Nachwelt erhalten bleiben. Und sie behauptet, es sei keineswegs leichtfertige Neugier, die Menschen veranlasst, zum Beispiel die Anwesen von Dickens oder Keats aufzusuchen. An ihren Häusern nämlich könne man die Persönlichkeit von Schriftstellern erkennen, denn diese drücken ihrer Umgebung gewissermaßen einen unauslöschlichen Stempel auf. Sie besitzen die Fähigkeit, sich in einer Weise einzurichten, die selbst den Tisch, den Stuhl, den Vorhang, den Teppich zum Abbild ihrer eigenen Person macht.

Diese Aussage der Autorin hätte schon in dem Kapitel über Monk's House angeführt werden können – als die von der Bewohnerin selbst ausgestellte Lizenz, ihr Anwesen zu besichtigen. Dennoch ist darauf verzichtet worden, da das Heim der Woolfs und dessen künstlerische Ausgestaltung zwar Einblick gibt in die Lebensweise und den ästhetischen Geschmack des Ehepaares, es aber ebenso sehr über die Künstler informiert, die das Interieur entworfen haben. Das Werk dieser Künstler – Vanessa Bell und Duncan Grant – ist zweifellos in einem anderen Domizil sehr viel eindrucksvoller zu besichtigen. Im Farmhaus von Charleston, zwischen Lewes und Firle in Sussex gelegen, findet die Äußerung von Virginia Woolf über Künstlerhäuser eine höchst bemerkenswerte Bestätigung. Zugleich ist hier noch etwas anderes zu berücksichtigen, auf das vor allem Angelica Garnett, die Nichte von Virginia Woolf, hingewiesen hat: auf den Unterschied zwischen den üblichen Gedenkstätten und Charleston. Charleston ist – im Gegensatz zu vielen Häusern berühmter Menschen – von großer Fragilität und Zartheit; es erweckt den Anschein, als hätten es die letzten Bewohner erst kürzlich verlassen, und wirkt dadurch besonders anrührend. Damit ist es zugleich ein Protest gegen allzu rigide Forderungen nach musealer Monumentalität und Dauer.

Charleston ist das Herzstück jener speziellen Kolonie, die man »Bloomsbury auf dem Lande« nennt und die gleichsam als Dependance des eigentlichen Bloomsbury während des Ersten Weltkrieges gegründet wurde. Mehrere der Bloomsberries waren Kriegsdienstverweigerer, die entweder das Glück hatten, aus gesundheitlichen Gründen ausgemustert zu werden, oder in der Landwirtschaft vaterländische Arbeit verrichten mussten. Duncan Grant und sein Freund David Garnett arbeiteten auf einem Bauernhof in Suffolk, wohin ihnen Vanessa mit den Kindern gefolgt war. Das Leben dort war nicht sonderlich angenehm, und Vanessa wäre sehr gerne in die Nähe ihrer Schwester nach Sussex zurückgekehrt. Da traf es sich günstig, dass Leonard Woolf in der Nachbarschaft von Asheham einen Bauernhof – Charleston Farmhouse – fand, der vermietet werden sollte. Am 14. Mai 1916 schreibt Virginia einen begeisterten Brief an ihre Schwester, in dem sie dringend rät, sich für Charleston zu entscheiden. Als Erstes verweist sie auf den bezaubernden Garten, mit einem Teich, mit Obstbäumen und Gemüse, augenblicklich etwas wild, aber Vanessa würde schon etwas Schönes daraus machen. Das Haus selbst sei ebenfalls akzeptabel; es habe große Räume, einen davon mit hohen Fenstern und deshalb für ein Atelier gut geeignet. Insgesamt sei das Anwesen allerdings verwohnt und brauche dringend eine Renovierung – zu viele Tiere, manche auch im Haus, obendrein scheußliche Tapeten und kein warmes Wasser. Im September ermutigte Virginia ihre Schwester noch einmal nachdrücklich, Charleston zu mieten. Wieder der Verweis auf den Garten, aus dem man – nach Aussage des Gärtners Leonard – sehr viel machen könne. Später sollte auch Carrington nach einer ersten Besichtigung die Schönheit des Gartens und sein Angebot an unzähligen Motiven für die Maler rühmen. Virginia schreibt an Vanessa, sie beneide sie um das neue Haus, denn nichts in der Welt sei so aufregend wie ein Wohnungswechsel. Drei Jahre später gönnte auch sie sich diese Aufregung und kaufte Monk's House, nur wenige Meilen von Charleston entfernt; Bloomsbury erweiterte sich nun von den Quadratmetern der Squares in London zu den Quadratmeilen am Fuße der South Downs in Sussex.

Im Oktober 1916 zog Vanessa Bell mit ihrer Familie nach Charleston, wobei »Familie« wohl die enge Verbundenheit aller Personen miteinander, weniger jedoch korrekte verwandtschaftliche Beziehungen beschreibt. Vanessas Ehemann Clive hatte sich seit geraumer Zeit anderweitig orientiert, Vanessa fühlte sich – nach einem intensiven Verhältnis mit Roger Fry – nun zu Duncan Grant hingezogen, der seinerseits eine Beziehung mit David Garnett hatte, der wiederum später die Tochter von Duncan und Vanessa heiraten sollte. Alle zusammen arbeiteten an der Renovierung des neuen Hauses, die erst einmal die Bewohnbarkeit herstellen sollte, die vor allem aber der Ästhetik einen deutlichen Vorrang vor der Pragmatik einräumte. Wenn man heute das Wohnhaus in Charleston besichtigt – was nur mit Führung zwischen April und Oktober möglich ist –, hat man den Eindruck, als gebe es keinen Quadratzentimeter im gesamten Gebäude, der nicht mit Farben und Figuren, mit Ornamenten jeglicher Art verziert wäre. Wände, Türen, Kaminsimse, Möbel, Fensterbänke, Keramiken, Kacheln in der Küche und den Bädern, Gardinen und Teppiche – kaum etwas wurde von den Malern unberührt gelassen. Dadurch entstand im Laufe der Jahre eine Art »Gesamtkunstwerk«, bei dem eigentlich schon an der Eingangstür die Signaturen der Künstler hätten angebracht sein müssen.

Virginia Woolf konstatiert drei Jahre nach dem Einzug in einem Brief an die Freundin Violet vom 8. Mai 1919, dass Vanessa Herrin über eine erstaunliche Haushaltung sei; belgische Kaninchen, Gouvernanten, Kinder, Gärtner, Hühner und Enten – das Haus sei voller Leben, Menschen und Tiere wimmeln durcheinander, und obendrein schaffe es Vanessa, so intensiv zu malen, bis jeder Inch des Hauses mit einer anderen Farbe bedeckt sei. Es wird deutlich, wie sehr Virginia ihre Schwester bewunderte und zugleich beneidete: Sie zollt Anerkennung für deren lebenspraktische wie künstlerische Fähigkeiten und empfindet Eifersucht auf das erfüllte Leben einer *mater familias*.

Vanessa hatte das Haus anfangs nur für eine kurze Zeit gemietet und erst später die Pacht verlängert, und deshalb wurden die Verschönerungsarbeiten nicht immer mit dem Material und mit der Technik durchgeführt, die Langlebigkeit garantiert hätten. Dies schien auch anfangs nicht so gravierend, da man nach dem Krieg das Haus im Wesentlichen als Ferien- und Wochenenddomizil nutzte. Erst ab 1939 zogen Vanessa Bell und Duncan Grant auf Dauer nach Sussex, lebten und arbeiteten dort bis zu ihrem Tode: Vanessa starb 1961, Duncan 1978, und während dessen letzten Lebensjahren wurden notwendige Reparaturen nicht mehr ausgeführt. Danach wäre das Anwesen vermutlich endgültig verfallen, wenn nicht der Charleston Trust – als Stiftung 1980 gegründet – unter großen Mühen und mit immensem Aufwand die Rettung dieses wichtigen Teils vom Nachlass der Bloomsbury Group unternommen hätte. Vor allem die Nachkommen der Bloomsberries wie Quentin Bell und Angelica Garnett hatten großen Anteil daran, dass Haus und Garten wieder in einen Zustand versetzt wurden, der die Imagination des Besuchers sehr bald in die Vergangenheit von Bloomsbury lenkt. Diese ist zwar für das Haus sehr viel leichter rekonstruierbar als für den Garten, doch gibt es auch Erinnerungen und Aufzeichnungen der früheren Bewohner, die für die Neugestaltung herangezogen werden konnten.

Die »Bloomsbury-Historie« von Charleston beginnt während des Ersten Weltkrieges, und in dieser Zeit war der Garten – wie wohl jeder Garten in England – bepflanzt mit nahrhaftem Gemüse, vor allem mit Kartoffeln, deren Anbaufläche bis ans Haus reichte. Für die Kinder allerdings besaß der Obstgarten Priorität, der im Sommer – wie Quentin Bell in seinen Erinnerungen schreibt – prachtvoll aussah mit seinen Bäumen voller

Früchte und Bienen. Nach dem Kriege konnten dann Beete angelegt, Wege geebnet und Plastiken aufgestellt werden, und Vanessa und Duncan, die auch ein Feriendomizil in Südfrankreich hatten, versuchten wenigstens ansatzweise, mediterranes Flair in den südenglischen Sommer hinüberzuretten.

Für die Kinder war Charleston natürlich ein Paradies; während die Jungen Julian und Quentin ihre wilden Spiele zu Lande und zu Wasser unternahmen, Feuerwerke veranstalteten und auf dem Teich pseudo-maritime Gefechte austrugen, flüchtete sich ihre Schwester lieber in die Idylle des *walled garden*. Angelica Garnett beschreibt in ihren Erinnerungen diesen Garten sehr einfühlsam und anschaulich, was daran liegen mag, dass sie als Kind besonders intensiv in ihm gelebt hat. Für sie war dieser Platz ein geradezu heiliger Ort, der Schutz bot und Nähe zu jenen, die über sie wachten: Er war für sie die Quelle allen Lebens, so erinnert sie sich viele Jahre später. Das Paradiesische dieses kindlichen Kosmos' wird aber dadurch relativiert, dass Angelica lange in dem Glauben lebte, Clive Bell sei ihr Vater, und erst spät erfuhr, wie sehr sie hintergangen worden war. Die Erkenntnis, dass sie die Tochter von Duncan Grant war, ließ sie von freundlichen, aber dennoch schmerzhaften Täuschungen sprechen.

Im Winter und Frühjahr wirkte der Garten wegen seiner Nordlage manchmal kalt und abweisend, doch im Sommer zeigte er sich in farbenreicher Blütenpracht. Blumen gab es im Überfluss, und die kleine Angelica pflückte sie und verwandelte sie im Spiel in Prinzessinnen. Für Vanessa und Duncan war der Garten vor allem ein unerschöpflicher »Lieferant« von Motiven. Blicke aus dem Fenster auf die Beete und in die Bäume, Blumensträuße in Vasen, eine ruhende Frau in der Hängematte, lernende Kinder im Obstgarten, der Teich mit Bäumen, der Garten im Schnee – das künstlerische Werk der beiden Maler würde ohne die Sujets aus Sussex sehr viel schmaler sein. Trotz des Anscheins der Unbürgerlichkeit waren sie sehr disziplinierte Arbeiter, die den größten Teil des Tages an der Staffelei verbrachten. Unterbrechungen gab es vor allem durch Besuche von Freunden; manche, wie die Woolfs oder Maynard Keynes mit seiner Frau, wohnten in der Nachbarschaft, andere kamen aus London, was sich anfangs wegen der schlechten Verkehrsverbindungen nicht immer einfach gestaltete, doch stets fanden viele Gäste den Weg nach Charleston. Und so war das Haus, war im Sommer besonders der geschützte Garten ein ländlicher Treffpunkt für Bloomsbury.

Quentin Bell schreibt in seinen ERINNERUNGEN AN BLOOMSBURY, dass zwischen Charleston und Monk's House eine starke Rivalität herrschte, die sowohl die Häuser wie auch die Gärten betraf. Monk's House erschien den Charlestonern seltsam und ungemütlich, was vornehmlich an den kleinen, dunklen und ziemlich unordentlichen Zimmern lag. In einer Mischung aus Besorgnis und Ironie fragte Virginia brieflich bei ihrer Schwester an, die einige Zeit das Haus der Woolfs hütete, ob sie Rodmell sehr viel minderwertiger als Charleston gefunden habe (1. April 1923). Auch die unterschiedlichen Gärten gaben Anlass zu mehr oder weniger harmlosen Neckereien. Nach Aussage von Quentin Bell war Leonard Woolf zu Recht der Meinung, dass der Garten von Monk's House sehr viel schöner und gepflegter sei als der von Charleston. Leonard erteilte bei Besuchen dort Vanessa bereitwillig Ratschläge und war mit den gestalterischen Usancen im Charleston-Garten vermutlich gar nicht einverstanden. Besonders die Eigenart, Schönheit den

Vorrang vor Nützlichkeit einzuräumen, Artischocken zum Beispiel hauptsächlich ihrer Blüten wegen anzubauen, stieß wohl kaum auf seine Zustimmung.

Möglicherweise lag die Rivalität auch in der unterschiedlichen Lebensgestaltung der Schwestern begründet; Virginia registrierte immer voll Neid und Selbstzweifel die Fähigkeit Vanessas, Mutter, Künstlerin, Gastgeberin und hingebungsvoll Liebende gleichermaßen zu sein, während sie sich wegen ihrer Kinderlosigkeit manchmal geradezu als erfolglose Frau betrachtete. Sie, die den Verlust der eigenen Mutter nur schwer überwand, profitierte von der überbordenden Mütterlichkeit der Schwester, zugleich aber – so scheint es – neidete sie Vanessa die Fülle der Gefühle. Und diese Fülle wurde symbolhaft auch im Garten von Charleston verkörpert. Es war nicht nur der Reichtum an Blüten und Früchten, an Farben und Formen, der für die Maler so wichtig war – es war vor allem die Vielfalt an Menschen, die ständig Haus und Garten belebten. Das Jauchzen der Kinder, das Gelächter der Erwachsenen, die Geräusche der vielen Tiere ließen Charleston zu einem lebensvollen Element der Bloomsbury-Welt werden. Und dies machte den Unterschied zu Monk's House aus, den Virginia Woolf vermutlich zuweilen schmerzlich empfunden haben wird.

Die floralen Themen, die Vanessa täglich entdecken konnte, bestimmten teilweise schon ihre Arbeit für die Omega-Werkstatt von Roger Fry. Und auch bei ihren Entwürfen für die Illustrationen von Büchern der Hogarth Press waren häufig Assoziationen zu Blumen und Pflanzen zu erkennen. Zwangsläufig ist diese Verknüpfung am deutlichsten bei jenem Werk zu erkennen, das Virginia Woolf explizit jenem Garten widmet, der häufig Ziel ihrer Exkursionen war – Kew Gardens.

Dieser riesige Botanische Garten hat seinen Ursprung in der Gartenbegeisterung des königlichen Hauses in der Mitte des 18. Jahrhunderts. Prinzessin Augusta und ihr Mann, König Georg III., wie auch ihre Nachkommen beschäftigten die prominentesten Gärtner ihrer Zeit, von William Chambers bis ›Capability‹ Brown, um aus einem dem royalen Genuss gewidmeten Landschaftsgarten im Verlaufe des 19. Jahrhunderts einen für die Wissenschaft bedeutsamen Botanischen Garten zu machen, in dem Pflanzen und ihre Samen aus der ganzen Welt gesammelt wurden. Dies ist auch heute noch die besondere Aufgabe der Royal Botanic Gardens Kew: zusammenzutragen, zu forschen und zu bewahren. Doch die unzähligen Besucher, die jedes Jahr kommen, erleben den Garten vor allem als einen riesigen Park, in dem zu jeder Zeit Grünes und Blühendes zu sehen und zu bewundern ist. Einer der begeisterten Besucher war Georg Christoph Lichtenberg, der im Januar 1775 an einen Freund schreibt, dass er gerne durch die Gärten spaziere, da man vom Winter nichts merke und sich an immergrünen Sträuchern und Bäumen erfreuen könne.

Wer es sich heute bei seiner Promenade durch die Anlagen bequem machen will, besteigt ein Bähnchen, den Kew Explorer, wird durch die Anlage gefahren und kann bei den besonderen Sehenswürdigkeiten aussteigen, um vielleicht die Pagode näher zu betrachten, The Temperate House zu besuchen oder sich im tropischen Palm House die Brille beschlagen zu lassen. Vorzugsweise sollte sich ein Besucher wenigstens viermal im Jahr Zeit für eine Visite nehmen, denn kaum irgendwo erlebt man die spezielle Blüte einer Jahreszeit so prachtvoll wie in Kew Gardens. Im Frühling präsentieren sich weit mehr als eine Million Krokusse und neben ihnen weite Flächen mit gelben Narzissen und blauen Glockenblumen; über ihnen entfalten viele Magnolienbüsche ihre weißrosa Blüten. Der Sommer bietet natürlich die größte Vielfalt an Farben, Formen und Düften: Sonnenblumen, Päonien, Wasserrosen, Lavendelrabatten – jede Aufzählung muss unvollständig bleiben. Wer im Herbst kommt, merkt am deutlichsten, dass Kew Gardens eigentlich ein Parkgelände ist, denn die Laubfärbung der vielen Bäume dominiert den Eindruck. Selbst im Winter lohnt sich ein Besuch – und sei es auch nur, um dort einen der speziell für Kew gezogenen Weihnachtsbäume zu kaufen.

Vornehmlich während jener Jahre, in denen sie in Richmond lebten, war Kew Gardens für Leonard und Virginia Woolf häufig das Ziel ihrer Spaziergänge. Sowohl vom Green wie von der Paradise Road war Kew für die ausdauernde Wanderin Virginia in relativ kurzer Zeit zu erreichen, wobei sie den Park meistens durch das Lions Gate, das näher an Richmond lag, betreten haben dürfte. Ihre Tagebücher weisen viele Aufenthalte in Kew Gardens aus, und sie zeigen auch, wie sensibel sie Blumen und Farben wahrnahm, manchmal geradezu erahnte: »Nach dem Lunch traf ich L. an der Pforte von Kew Gardens, & wir spazierten nach Richmond zurück durch den Park, der jetzt spürbar vor Knospen & Knollen strotzt, obwohl keine Spitzen zu sehen sind.« (26. Januar 1915) Drei Jahre später notiert sie wieder im Januar Beobachtungen zur Natur in Kew Gardens: »Schneeglöckchen, Zwergalpenveilchen, winzige Rhododendren sind schon heraus; auch die Spitzen von einigen Blausternen oder Krokus, die durch das Gras & die toten Blätter kommen.« (25. Januar 1918) Und am 26. November 1917 schreibt sie: »Wir gingen nach Kew & sahen einen brandroten Busch, so rot wie Kirschblüten, aber intensiver – frostrot [...].« Wenn Virginia

Blumen und Pflanzen beschreibt, ist sie von malender Präzision, »schildert« sie das Gesehene. Sie schaut genau hin, sieht Einzelheiten, lässt eine Farbe nicht »nur« Rot oder Blau sein, sondern differenziert in Schattierungen. In dem kalten und feuchten April von 1918 bedauert sie die Vergänglichkeit edler Blüten:»Gestern boten die Magnolien in Kew Gardens einen höchst melancholischen Anblick; die großen rosa getönten Blüten gerade dabei, sich zu der prachtvollsten aller Blumen zu öffnen, & nun braun geworden & verschrumpelt, um sich nie mehr zu öffnen & häßlich zu sein, so lange sie leben.« (19. April 1918) Es werden nicht nur die häufigen Besuche in der Parkanlage gewesen sein, die Virginia Woolf motiviert haben, den kurzen Text KEW GARDENS zu schreiben. Ihr Erleben der Flora ist so intensiv, Blumen und Pflanzen sind für ihre schriftstellerische Existenz so bedeutsam, dass es eigentlich verwundert, in ihrem Werk nicht mehr explizite Texte über Gärten zu finden. KEW GARDENS war eine der ersten Veröffentlichungen der neu gegründeten Hogarth Press – und zugleich ein unerwarteter Erfolg. Virginia Woolf führt den Leser an einem Tag im Juli zu den Blumenbeeten in Kew, und sie geleitet ihn gewissermaßen in eine neue, bisher nicht wahrgenommene und sehr komplexe Welt – es ist die Ganzheit, wie sie sich ihr bereits beim Anblick des Blumenbeetes in St. Ives erschloss.

»Aus dem ovalen Blumenbeet reckten sich etwa an die hundert Stengel, um sich auf halber Höhe in herz- oder zungenförmige Blumenblätter zu verstreben und sich an der Spitze in rote oder blaue oder gelbe Blütenblätter zu entrollen, die an ihrer Oberfläche von erhöhten Farbtupfern gezeichnet waren; und aus dem roten, blauen oder gelben Dunkel des Halses ragte ein gerader Sporn, rauh von Goldstaub und an seinem Ende leicht wulstig. Die Blütenblätter waren üppig genug, um in der Sommerbrise zu erzittern, und wenn sie sich bewegten, dann flirrten ein über dem anderen die roten, blauen und gelben Lichter, betupften einen Zoll der braunen Erde unter ihnen mit einem Fleck von ungemein komplexer Farbe. Das Licht fiel entweder auf den glatten grauen Rücken eines Kiesels oder auf das Haus einer Schnecke mit ihren rund umlaufenden Rillen, oder, wenn es in einen Regentropfen fiel, blähte es mit einer solchen Intensität von Rot, Blau und Gelb die dünnen Wasserwändchen auf, daß man darauf gefaßt war, sie zerplatzen und verschwinden zu sehen. Stattdessen aber wurde der Tropfen in Sekundenschnelle wieder silbergrau, und das Licht sammelte sich jetzt auf dem Fleisch eines Blattes, und enthüllte unter der Oberfläche das verästelte Blattgeäder, und wieder bewegte es sich fort und streute seinen Glanz auf die unermeßlich grünen Räume unter dem Gewölbe der herz- und zungenförmigen Blätter. Dann fuhr die Brise eher etwas schärfer darüberhin und die Farbe wurde blitzschnell in die Luft darüber geworfen, in die Augen der Männer und Frauen, die im Juli in Kew Gardens spazierengehen.« (Das Mal an der Wand, 104)

Zumeist sind es Maler, die florale Fülle, Licht und Schatten so intensiv zur Anschauung bringen, doch Virginia Woolf beweist, dass dies auch mit Worten möglich ist: Die Freude am Detail, die verbale Farbpalette, der vergrößernde Blick auf das Beet zeigen dies deutlich. Zugleich aber verdichtet sich in der Nähe die Weite, das Spezielle führt in das Allgemeine der schon mehrfach apostrophierten Ganzheit. Was aber in diesem Text auch auffällt, ist die durch die farbige Fülle, die pralle Vitalität evozierte Lebenslust, die leicht erotisierender Züge nicht entbehrt. Die lebensvolle Pracht von Pflanzen und Blumen enthält in ihrer »Ganzheit« auch eine außergewöhnliche Sinnlichkeit. Dieser Begriff fällt sehr selten, wenn man über Virginia Woolf spricht oder schreibt, doch sollte man überlegen, ob nicht gerade der genaue Blick auf ihre Sensibilität für Natur und die daraus resultierende literarische Verarbeitung – wie in KEW GARDENS und in vielen anderen Texten – dem Bild von ihr einige neue Züge verleiht.

Die Menschen, die im Juli in Kew Gardens spazieren gehen, formulieren in diesem Text genau jene Erfahrung, die für das Leben und Werk Virginia Woolfs ebenfalls geradezu existentiell ist: In Gärten, in Parks bleibt die Erinnerung an die Vergangenheit aufgehoben, und die Begegnung mit der Natur erweckt sie im Bewusstsein derer, die auf der Suche nach Vergangenem sind, zu neuem Leben.

Ein Ehepaar spaziert mit seinen Kindern durch die Anlage, der Mann denkt an eine frühere Liebe zurück und fragt seine Frau besorgt, ob sie etwas gegen solche Gedanken habe. »Warum sollte ich etwas dagegen haben, Simon? Denkt man nicht immer an die Vergangenheit, in einem Garten, in dem Männer und Frauen unter den Bäumen liegen? Sind sie nicht unsere Vergangenheit, alles was davon übrig bleibt, diese Männer und Frauen, diese Geister, unter den Bäumen liegend ... eines jeden Glück, eines jeden Wirklichkeit?« (DAS MAL AN DER WAND, S. 105) Und so birgt denn die Skizze KEW GARDENS, schon 1919 erschienen, den Kern jener Ideen, die – neben anderen – für das spätere Werk von Virginia Woolf wichtig werden sollten.

Der Garten von Charleston heute

Ab 1916, als das unscheinbar wirkende Bauernhaus und seine Annexe von Vanessa Bell gemietet und zusammen mit Duncan Grant und ihrem unkonventionellen Haushalt bezogen wurde, war Charleston der ländliche Treff- und Rückzugsort des Bloomsbury-Kreises, dessen Stempel es mit seinem eigentümlichen englischen Charme und der reizvoll lässigen Einrichtung und künstlerischen Ausgestaltung bis heute trägt. Elegant war und ist das Haus nicht, aber das Leben darin, die Kreativität seiner Bewohner und die Scharen von Besuchern – ein Who's who der intellektuellen Elite Englands – verliehen ihm etwas sehr Kultiviertes. Der Garten wurde von Jahr zu Jahr schöner und bezauberte jeden Besucher. Von Mauern gesäumt und mit altem Baumbestand, wurde er von Vanessa und Duncan in südeuropäischem Stil mit Mosaiken, Buchsbaumhecken, Kieswegen und kleinen Teichen, mit Abgüssen und Skulpturen und natürlich mit einer unübersehbaren Fülle von Blumen neu gestaltet. Beide, Vanessa und Duncan, waren passionierte Gärtner, sie pflegten den Garten jahrzehntelang und freuten sich mit ihren Gästen an seiner von Frühjahr bis Herbst leuchtenden Farbenpracht. In den achtziger Jahren des vorigen Jahrhunderts wurde der in den letzten Lebensjahren von Duncan und nach seinem Tod verwildernde Garten mit Hilfe der Originalentwürfe von Roger Fry und der Fotos und Erinnerungen von Angelica Garnett vollständig restauriert.

Charleston ist auch heute noch sehr lebendig, was sicher daran liegt, dass die Aura seiner früheren Bewohner bis jetzt überall spürbar ist. Die Straßenseite des Hauses ist ganz mit wildem Wein bewachsen. Riesige Kletterrosen in Gelb und Rosa bedecken die Eingangsfassade gegenüber dem Weiher, elegante Fuchsienbäume stehen links und rechts der Haustüre, weiße Cosmeen und Liliengruppen schließen sich an. An der Nordwestecke befindet sich das Tor zum hinter dem Haus liegenden Garten, überwölbt von einem riesigen, Früchte tragenden Feigenbaum, von Gummibäumen flankiert.

Betritt man durch dieses Tor den großen, länglichen Garten, von hohen Ziegel- und Flintmauern umfriedet, die mit Kletterpflanzen und Spalierobst bedeckt sind, hat man ein romantisches Geviert mit einer breiten Pflanzenvielfalt vor Augen, das durch Kieswege in zwei unterschiedlich breite Längsrabatten geteilt und von hohen Bäumen hinter den Mauern und einigen schiefen Obstbäumen im Innern des Gartens beschirmt wird. Üppige Stauden- und Blumenbeete entfalten ihre Fülle in »geordnetem« Chaos, die malerische »Zufälligkeit« von Farben und Formen beeindruckt künstlerisch und ästhetisch. Für die rechte Rabatte wurde ein überwiegend blau-weiß-rotes Farbschema gewählt (hier dominieren blauer Lavendel und rote Löwenmäulchen, lila Phlox, blaue Wicken und Gladiolen in Rot, Lachs, Rosa, Flockenblumen, Dahlien und Disteln, Digitalis und Mohn), die linke Seite ist mehr von gelben und weißen Farbschattierungen bestimmt (Malven, Schafgarbe und

Margeriten, Cosmeen und Euphorbien, Kamille und Sonnenblumen).

Die Blumenrabatten werden unten durch halbhohe buschige
Buchsbaumhecken von zwei Sonderbereichen getrennt: Rechts
breitet sich, von einem großen Feigenbaum nach Norden abgeschirmt, die Terrasse aus mit ihrer stabilen weißen Gartenbank
in der rechten Ecke. Dieser Bank gegenüber steht ein niedriger steinerner Tisch, darauf ein Halbtorso mit Hortensien bepflanzt. Dominiert wird die Terrasse von fünf eigenwilligen, in
den Boden eingelassenen Steinmosaiken aus zerbrochenem
Küchenporzellan, ein Werk Quentin Bells. Ebenfalls von ihm
ist das kleine halbrunde Becken mit einem Kopfrelief als Was-
serspeier, heute von Seerosen, gelben Schwertlilien und über-
hängenden Salvien fast verdeckt. Mombretien, Malven und ein
Pflaumenbaum besiedeln die Mauer.

Die linke Seite, von dem oberhalb liegenden Rasenplatz mit
Wasserbecken ebenfalls durch eine Buchsbaumhecke getrennt,
endet in einem kleinen Nutzgarten, der viele der gängigen
Küchenkräuter, Gemüse und Salate hervorbrachte und -bringt.
Salbei, Thymian, Schnittlauch und Dill, Zitronenmelisse, Ros-
marin und Oregano gedeihen unter hohen Bohnenstangen,
Salate, Zwiebeln und Paprika wachsen neben Beerenobsthecken
und den von Vanessa einst sehr geliebten Artischocken.

Zurück durch das obere Gartentor – die Gartenfassade des
Hauses daneben ist ebenfalls von Kletterpflanzen, besonders
Glyzinien, bedeckt, mit weißen Hortensien, Forsythien und
einem Kirschspalier davor –, hat man nach Osten den Pond vor
sich, einen von Schilf, Lavendel und efeuumrankten Bäumen
eingefassten Weiher. Einige große Heracleumstauden am Ufer
neigen sich über zwei Seerosenkolonien in Purpur und Weiß,

Schwalben fliegen über das Wasser und verschwinden in den Wiesen und Hügeln hinter dem Teich. Eine geneigte weibliche Gestalt, von Quentin Bell geschaffen, ist am jenseitigen Ufer zu sehen. Auf dem Weg um den Weiher trifft man bald auf eine waagrecht schwebende Figur, die so genannte *Levitating Lady*, auch sie ein Werk Quentins. Diese und viele andere auf dem Charleston-Grundstück verteilten Skulpturen, Abgüsse, Torsi und Köpfe, die verwittert oder halb zerfallen auf Mauern und Wegen, in Ecken und zwischen Hecken auftauchen, zeigen ebenso wie die Ornamente von Duncan und Quentin den lebhaften Sinn für Dekor, der dem Bloomsbury-Kreis eigen war.

Ausgewählte Literatur

WOOLF, VIRGINIA: Gesammelte Werke – Prosa, Tagebücher, Essays,
hrsg. von Klaus Reichert, Frankfurt a. M. 1989 ff. (Bis auf die gesondert
aufgeführten Titel sind alle Zitate den in dieser Ausgabe erschienenen
Einzelwerken entnommen.)

WOOLF, VIRGINIA: Der Augenblick. Essays, hrsg. von Klaus Reichert,
Frankfurt a. M. 1996.

WOOLF, VIRGINIA: Augenblicke. Skizzierte Erinnerungen. Mit einem Essay
von Hilde Spiel, Frankfurt a. M. 1993.

WOOLF, VIRGINIA: The Letters of Virginia Woolf, hrsg. von Nigel Nicolson,
Bd. 1–6, London 1975–1980.

WOOLF, VIRGINIA: London. Bilder einer großen Stadt, hrsg. von
Kyra Stromberg, Berlin 1992.

WOOLF, VIRGINIA: Der Tod des Falters. Essays, hrsg. von Klaus Reichert,
Frankfurt a. M. 1997.

AMRAIN, SUSANNE: So geheim und so vertraut, Frankfurt a. M. 1994.

ASSEN, MARK VAN / KNAPEN, MICHEL: Wandelen over Londense
kerkhoven, Rijswijk 1999.

BELL, VANESSA: Sketches in Pen and Ink, London 1998.

BELL, QUENTIN: Erinnerungen an Bloomsbury, Frankfurt a. M. 1997.

BELL, QUENTIN / NICHOLSON, VIRGINIA: Charleston. Ein englisches
Landhaus des Bloomsbury-Kreises, München 1998.

BELL, QUENTIN: Virginia Woolf. Eine Biographie, Frankfurt a. M. 1994.

BENNETT, SUE: Five Centuries of Women & Gardens, National Portrait
Gallery, London 2000.

BISGROVE, RICHARD: Die Gärten der Gertrude Jekyll, Stuttgart 1994.

BROWN, JANE: Spirits of Place. Five Famous Lives in Their English Landscape, London 2001.

BROWN, JANE: Vita's other World, London 1987.

BULLETIN OF THE VIRGINIA WOOLF SOCIETY OF GREAT BRITAIN, Southport 1999 ff.

CHARLESTON TRUST (HRSG.): The Charleston Magazine 1990 ff.

COATS, PETER: English Gardens, Exeter/London 1988.

CUNNINGHAM, IAN: A Reader's Guide to Writer's London, London 2001.

CURTIS, VANESSA: Virginia Woolf's Women, London 2002.

DESALVO, LOUISE / LEASKA, MITCHELL A. (HRSG.): »Geliebtes Wesen ...« Briefe von Vita Sackville-West an Virginia Woolf, Frankfurt a. M. 1995.

DUMONT'S PFLANZENFÜHRER, Köln 1999.

DUNN, JANE: Virginia Woolf and Vanessa Bell. A very close Conspiracy, London 2001.

FRICK-GERKE, CHRISTINE (HRSG.): Inspiration Bloomsbury. Der Kreis um Virginia Woolf, Frankfurt a. M. 2003.

GARNETT, ANGELICA: Freundliche Täuschungen. Eine Kindheit in Bloomsbury, Frankfurt a. M. 1993.

GLENDINNING, VICTORIA: Vita Sackville-West. Eine Biographie, Frankfurt a. M. 1994.

HILL, JANE: The Art of Dora Carrington, London 1995.

HILL-MILLER, KATHERINE: From the Lighthouse to Monk's House, London 2001.

HITCHMOUGH, WENDY: Arts-and-Crafts-Gärten, Stuttgart 1998.

HOLROYD, MICHAEL: Lytton Strachey. A Biography, New York 1980.

HORN, PAMELA: Pleasures and Pastimes in Victorian Britain, Stroud 1999.

HUSSEY, MARK: Virginia Woolf A to Z, Oxford 1995.

JEKYLL, GERTRUDE: Pflanzenbilder aus meinem Garten. Über englische Gartengestaltung, Stuttgart 1988.

KELLAWAY, DEBORAH (HRSG.): The Illustrated Book of Women Gardeners, Boston u.a. 1997.

LAWRENCE, ELIZABETH (HRSG.): The Gardener's Essential Gertrude Jekyll, Boston 2000.

LEE, HUGH (HRSG.): A Cézanne in the Hedge and other memories of Charleston and Bloomsbury, London 1992.

LLOYD, CHRISTOPHER / BIRD, RICHARD: Der Cottage-Garten. Gartenparadiese im englischen Stil, München u. a. 2000.

LORD, TONY: Sissinghurst, Köln 1997.

MARSH, JAN: Bloomsbury Women, London 1995.

MILLMORE, PAUL: South Downs Way, o. O. 1999 (National Trail Guide).

MORRIS, JAN: Reisen mit Virginia Woolf, Frankfurt a. M. 1999.

NAYLOR, GILLIAN: Bloomsbury. The Artists, Authors and Designers by themselves, London 1990.

NICHOLSON, SHIRLEY: A Victorian Household, Stroud 2000.

NICOLSON, NIGEL: Virginia Woolf, London 2000.

NOBLE, JOAN RUSSELL (HRSG.): Erinnerungen an Virginia Woolf von ihren ZeitgenossInnen, Göttingen 1994.

PENN, HELEN: Englische Gärtnerinnen, Köln 1996.

PORTER, ROY: London. A social history, London 2000.

RAITT, SUZANNE: Vita and Virginia. The Work and Friendship of Vita Sackville-West and Virginia Woolf, Oxford 2002.

SACKVILLE-WEST, VITA: Selected Writings, hrsg. von Mary Ann Caws, New York 2002.

SACKVILLE-WEST, VITA: Knole and the Sackvilles, London 1994.

SACKVILLE-WEST, VITA / NICOLSON, HAROLD: Sissinghurst. Portrait eines Gartens, Frankfurt a. M. 1997.

SAGER, PETER: Oxford & Cambridge, Frankfurt a. M. 2003.

SPALDING, FRANCES: Roger Fry. Art and Life, Norwich 1999.

SPALDING, FRANCES: Vanessa Bell, London 1996.

SQUIRE, DAVID: Cottage Gardens, London 2002.

STRONG, ROY: Royal Gardens, New York u. a. 1992.

STRONG, ROY: Zauberhafte kleine Gärten nach historischen Vorbildern liebevoll gestaltet, Köln 1993.

TAGHOLM, ROGER: Walking Literary London, London 2001.

TAYLOR, PATRICK: Gärten in Großbritannien, Niederhausen 2002.

TODD, PAMELA: Die Welt von Bloomsbury, Berlin 1999.

TROTHA, HANS VON: Der Englische Garten. Eine Reise durch seine Geschichte, Berlin 1999.

VOSS, URSULA: Bertrand Russell und Lady Ottoline Morrell, Berlin 1999.

WALTER, KERSTIN: Gärten in Südengland, Köln 2000.

WILSON, JEAN MOORCROFT: Virginia Woolf. Life and London. A Biography of Place, London 1987.

WIMMER, CLEMENS ALEXANDER: Geschichte der Gartentheorie, Darmstadt 1989.

WINTER, HELMUT: Virginia und Leonard Woolf, Berlin 1999.

WOOLF, LEONARD: Downhill all the way. An Autobiography of the Years 1919–1939, London 1968.

Bildnachweis

ARCHIV LUISE BERG-EHLERS   Cover (Hintergrundmotiv), 33–40, 73, 76–80, 147–151, 185–192

ARCHIV S. FISCHER VERLAG   74, 75

NATIONAL PORTRAIT GALLERY, LONDON   Cover Vorderseite (Porträt Virginia Woolf)

NIGEL NICHOLSON   145

THE NATIONAL TRUST   146 (© National Trust Photographic Library), 152 (© National Trust Photographic Library/Rupert Truman)

Textnachweis

Für die freundliche Genehmigung zum Abdruck von Zitaten aus der Ausgabe der Gesammelten Werke von Virginia Woolf, hrsg. von Klaus Reichert, danken wir herzlich dem S. Fischer Verlag.

Dank gebührt dem S. Fischer Verlag ebenfalls für die Erlaubnis zur Wiedergabe von Auszügen aus: DESALVO, LOUISE/LEASKA, MITCHELL A. (Hrsg.): »Geliebtes Wesen …« Briefe von Vita Sackville-West an Virginia Woolf.

Dem Verlag Klaus Wagenbach danken wir für die freundliche Genehmigung zum Abdruck der Zitate aus dem Band: VIRGINIA WOOLF: London. Bilder einer großen Stadt und einer Textstelle aus: ANGELICA GARNETT: Freundliche Täuschungen.

Der Deutschen Verlags-Anstalt danken wir für die freundliche Genehmigung zum Abdruck der Zitate aus dem Band: VIRGINIA WOOLF: Augenblicke (© 1981 der deutschen Ausgabe by Deutsche Verlags-Anstalt GmbH, Stuttgart; © Quentin Bell und Angelica Garnett).

Danksagung

Die Autorin dankt zuerst und ganz besonders
Nigel Nicolson für Rat, vielerlei Hilfe und immerwährende
Geduld und Freundlichkeit.

Sie ist ferner zu Dank verpflichtet für Hilfe und Gastfreund-
schaft: Moira & Peter Eddy, Talland House, St. Ives
Caroline Zoob, Monk's House, Rodmell

Sie dankt für vielfältige Unterstützung: Charleston Trust, Firle
Friends of of the Royal Botanic Gardens, Kew
National Trust
Virginia Woolf Society of Great Britain

Für viele gute Foto-Tipps dankt sie:
Günter Pfannenstein, Foto-Hamer, Bochum

Last but not least schuldet sie Dank:
Corinna Fiedler, S. Fischer Verlag, Frankfurt für jederzeit
gewährte Unterstützung
und Diethelm Kaiser, Nicolai Verlag, Berlin für Beistand,
Rückhalt, Ermunterung und engagierte, unermüdliche
Betreuung.